国家林业和草原局普通高等教育"十三五"规划教材
天目山大学生野外实践教育基地联盟系列教材

# 天目山
## 大学生野外实习安全技能教程

SAFETY SKILLS COURSE OF FIELD PRACTICE FOR COLLEGE STUDENTS IN TIANMU MOUNTAIN

周红伟 主编

中国林业出版社
China Forestry Publishing House

#### 图书在版编目(CIP)数据

天目山大学生野外实习安全技能教程 / 周红伟主编. — 北京：中国林业出版社，2020.10
ISBN 978-7-5219-0833-6

Ⅰ.①天… Ⅱ.①周… Ⅲ.①天目山-教育实习-安全教育-高等学校-教学参考资料 Ⅳ.①G424.4

中国版本图书馆 CIP 数据核字(2020)第 192753 号

---

### 中国林业出版社教育分社

| | |
|---|---|
| 策划编辑：肖基浒　高兴荣 | 责任编辑：范立鹏　高兴荣　肖基浒 |
| 电　　话：(010)83143626 | 传　　真：(010)83143516 |

出版发行　中国林业出版社(100009　北京市西城区德内大街刘海胡同 7 号)
　　　　　E-mail:jiaocaipublic@163.com　电话：(010)83143500
　　　　　http://www.forestry.gov.cn/lycb.html
经　　销　新华书店
印　　刷　北京中科印刷有限公司
版　　次　2020 年 11 月第 1 版
印　　次　2020 年 11 月第 1 次印刷
开　　本　787mm×1092mm　1/16
印　　张　11.5
字　　数　270 千字
定　　价　42.00 元

未经许可，不得以任何方式复制或抄袭本书之部分或全部内容。

**版权所有　侵权必究**

# 天目山大学生野外实践教育基地联盟系列教材
## 编写组织委员会

主　任：沈月琴

副主任：王正加　伊力塔　黄坚钦　俞志飞

委　员：（按姓氏笔画排列）
　　　　王　彬　王正加　代向阳　伊力塔
　　　　杨淑贞　吴　鹏　沈月琴　金水虎
　　　　周红伟　赵明水　俞志飞　高　欣
　　　　郭建忠　黄有军　黄坚钦　黄俊浩

秘　书：庞春梅　胡恒康

# 《天目山大学生野外实习安全技能教程》
# 编 写 人 员

主　　编：周红伟

副 主 编：冯祎中　缪　华

编写人员：（按姓氏笔画排序）
　　　　　　王　彬　冯祎中　朱士玉　周红伟
　　　　　　俞灿良　傅钢强　缪　华

# 序

在高等教育教学中，实习作为一个十分重要的教学环节，可以使学生从感性的角度进一步熟悉所学专业知识和技能，从而进一步理解、巩固与深化从课堂上和教材里学到的理论和方法，完成从"学"到"习"的完整过程，推动知识向能力的转化。

农林类学科专业，大都具有较强的实践性特征。如果在学习阶段，相关课程都能有其对应的实习教材作为指导，一定能够大幅提高课程学习的成效。但又因各院校具体实习条件的差异性，以及农林类学科的研究对象本身在时间、空间、环境的多维属性，加之相关材料、实例的搜集整理难度大，就更加难以形成共性很强的经验和指南，也导致了实习教材的编写难度比其他教材更大，编好更难。

位于天目山国家级自然保护区内的浙江农林大学实践教学基地，以天目山独有的、极其丰富的、享誉海内外的野生动植物资源禀赋，在浙江农林大学60余年的办学进程中，既为学校人才培养和科学研究发挥了巨大的作用，也同时为整个华东地区乃至全国相关院校和科研机构开展教学科研提供了十分有力的支持，被相关部门列为国家级大学生校外实践教育基地，是全国普通高等院校实习基地建设的典范。

近年来，浙江农林大学坚持开放办学理念，学校和相关学科发展迅速，成为全国农林类院校高速高质发展的优秀代表。2019年，浙江农林大学依托天目山实践教育基地，成立了由国内近40所院校组成的天目山大学生野外实践教育基地联盟，并将他们60余年的宝贵教学实习资料进行细致整理，组织专门力量编写出版了这套"天目山大学生野外实践教育基地联盟系列教材"，为相关院校的专业课程实习提供了从理论到实践的完整解决方案，难能可贵，值得称赞。

这套系列教材的编撰，集结了国内多所优秀高校及科研院所的骨干力量，凝聚了多个专业领域科研工作者的努力和心血，无论是作为天目山自然保护区开展实践，还是用以指导在其他地区开展相关实践教学都能够有较好的指导和借鉴作用，相信能够很好地促进相关高校大学生野外实习教学质量的提升。

这套系列教材的出版，不仅在一定程度上解决了相关学科领域教学实践上的迫切需求，也很好地呼应了国家对"新农科"建设的新愿景，充分体现了浙江农林大学对"新农科"人才培养的重视和涉农涉林涉草高校和科研院所在"新农科"建设和人才培养中的责任和担当，为其他相关院校的实习基地和实习教材建设提供了很好的范式。

中国工程院院士

# 前　言

2013年5月，教育部发文确定天目山自然保护区为浙江农林大学国家级大学生校外实践教育基地；2019年12月，由浙江农林大学和浙江天目山国家级自然保护区管理局牵头，浙江农林大学与浙江大学、南京大学、复旦大学、华东师范大学共同发起成立天目山大学生野外实践教育基地联盟（以下简称"联盟"）。联盟的成立是深入贯彻习近平总书记给全国涉农高校师生的重要回信精神和落实全国教育大会精神的重要举措，以林学类、风景园林类、生物科学类、动物生产类、中药类、生态环境类等专业野外实践教育为核心，对实现教学资源共建共享，集聚人才培养优势，培养一批具有多学科背景、高素质的复合应用型人才，发挥在人才培养中的示范与引领作用具有重要意义。

《天目山大学生野外实习安全技能教程》作为国家林业和草原局普通高等教育"十三五"规划教材，为全面推进"新农科"建设，支持建立各类人才培养创新联盟，为传统专业改造升级，切实提升人才培养质量，加速推进人才培养的供给侧改革贡献智慧和行动，主要致力于为联盟成员提供大学生野外实践安全保障，建立完善的野外实践教育基地人才培养体系，服务高校创新创业人才培养。因此，本教材具有系统性、全面性、实用性、实践性和时代性等显著特点。

浙江农林大学是教育部首批开展"大学生野外生活生存训练"7所试点高校之一，本教材是由浙江农林大学户外运动教学团队负责编写，自2002年以来，教学团队成员一直从事大学生野外生存、生活训练和山地户外运动的教学工作，曾参与全国教育科学"十五"规划国家级课题"大学生野外生存生活训练"研究工作。近几年，在学校和相关学院的大力关心和支持下，教学团队积极探索和构建山地户外运动与农林学科专业协同发展课程教学模式研究，深感山地户外运动知识、技术和技能对大学生专业课程野外实践的重要性。

本教材旨在用简洁的内容，配以清晰的图片资料，从介绍野外实践中常见的行走、定向穿越、登山攀岩、渡河、溯溪、下降、野外生存等活动入手，着重介绍这些活动的基本知识、技术和技能，强调开展这类活动时的安全注意事项、进行野外实践前提前计划和准备的必要性，掌握基本的野外常见风险的防范与处理。本教材结合户外教学团队多年教学经验，力求使读者能正确掌握野外实践的基本常识和野外安全技能，为野外实践提供帮助。

本教材第一章由王彬编写，第二章由冯祎中编写，第三章由俞灿良编写，第四章由傅钢强编写，第五章、第六章由缪华编写，第七章至第十章由周红伟编写，朱士玉参与第七章的部分编写；统稿由周红伟完成。

在本教材编写过程中，参阅了相关书籍和图片文字资料，借鉴和吸收了同行们的研究成果；中国林业出版社对本教材的编写提出了许多具体的指导性意见，并对书稿做了大量细致的审校工作，在此，一并表示感谢！

由于编写人员水平有限，书中难免有疏漏和不足之处，敬请读者批评指正。

编　者

2020 年 1 月

# 目　录

序
前　言

**第一章　天目山国家级自然保护区概况** ……………………………………………（1）
　第一节　天目山自然资源与保护区历史 ……………………………………………（1）
　　一、自然环境 …………………………………………………………………………（1）
　　二、生物资源 …………………………………………………………………………（2）
　　三、植被类型 …………………………………………………………………………（2）
　　四、保护区发展简史 …………………………………………………………………（3）
　第二节　天目山国家级大学生校外实践教育基地及联盟 …………………………（3）
　第三节　实践教育基地野外实习安全管理 …………………………………………（6）
　　一、野外实习安全的重要性 …………………………………………………………（6）
　　二、野外实习安全事故的类型 ………………………………………………………（7）
　　三、野外实习安全管理要求 …………………………………………………………（8）

**第二章　野外实习的安全原则、内容及方法** ………………………………………（11）
　第一节　安全第一、预防为主原则 …………………………………………………（11）
　　一、野外实习安全教育概述 …………………………………………………………（11）
　　二、野外实习安全教育原则与要求 …………………………………………………（12）
　　三、野外实习安全教育内容与方法 …………………………………………………（12）
　　四、野外常见事故类型分析 …………………………………………………………（13）
　第二节　行前准备、保障到位原则 …………………………………………………（15）
　　一、为什么去 …………………………………………………………………………（15）
　　二、去做什么 …………………………………………………………………………（15）
　　三、去哪里 ……………………………………………………………………………（15）
　　四、什么时间去 ………………………………………………………………………（16）
　　五、和谁去 ……………………………………………………………………………（17）
　　六、怎么去 ……………………………………………………………………………（17）
　　七、带什么东西 ………………………………………………………………………（17）

第三节　应急联动、科学施救原则 …………………………………… (21)
　　　一、急救前准备 ………………………………………………………… (21)
　　　二、伤情处理环节 ……………………………………………………… (23)
　　　三、救生物品 …………………………………………………………… (24)

第三章　野外实习安全装备 …………………………………………………… (25)
　第一节　个人装备 ………………………………………………………… (25)
　　　一、背包 ………………………………………………………………… (25)
　　　二、睡袋 ………………………………………………………………… (26)
　　　三、防潮垫 ……………………………………………………………… (27)
　　　四、户外服装 …………………………………………………………… (28)
　　　五、登山鞋 ……………………………………………………………… (29)
　　　六、火种 ………………………………………………………………… (30)
　　　七、手套 ………………………………………………………………… (31)
　　　八、帽子 ………………………………………………………………… (31)
　　　九、水具 ………………………………………………………………… (32)
　　　十、灯具 ………………………………………………………………… (32)
　　　十一、刀具 ……………………………………………………………… (33)
　第二节　公共装备 ………………………………………………………… (34)
　　　一、帐篷 ………………………………………………………………… (34)
　　　二、炊具 ………………………………………………………………… (36)
　　　三、通信器材 …………………………………………………………… (38)
　　　四、定位设备 …………………………………………………………… (38)
　　　五、太阳能充电器 ……………………………………………………… (39)
　第三节　技术装备 ………………………………………………………… (40)
　　　一、登山绳 ……………………………………………………………… (40)
　　　二、安全带 ……………………………………………………………… (41)
　　　三、铁锁 ………………………………………………………………… (42)
　　　四、下降(保护)器 ……………………………………………………… (43)
　　　五、上升器 ……………………………………………………………… (44)
　　　六、扁带 ………………………………………………………………… (45)
　　　七、头盔 ………………………………………………………………… (46)

第四章　野外实用绳结技术 …………………………………………………… (48)
　第一节　固定类绳结 ……………………………………………………… (48)
　　　一、"8"字结 …………………………………………………………… (48)
　　　二、布林结 ……………………………………………………………… (49)
　　　三、蝴蝶结 ……………………………………………………………… (49)

四、双套结 …………………………………………………………………… (50)
第二节　连接类绳结 …………………………………………………………… (51)
　　一、平结 ……………………………………………………………………… (51)
　　二、水结 ……………………………………………………………………… (51)
　　三、双渔人结 ………………………………………………………………… (52)
　　四、交织结 …………………………………………………………………… (53)
第三节　捆绑类绳结 …………………………………………………………… (53)
　　一、方形捆绑 ………………………………………………………………… (53)
　　二、圆形捆绑 ………………………………………………………………… (54)
　　三、对角线捆绑 ……………………………………………………………… (54)
　　四、剪式捆绑 ………………………………………………………………… (54)
第四节　保护类绳结 …………………………………………………………… (55)
　　一、意大利半扣结 …………………………………………………………… (55)
　　二、防脱结 …………………………………………………………………… (55)
　　三、抓结绳套 ………………………………………………………………… (55)
　　四、抓结 ……………………………………………………………………… (56)
第五节　收绳类绳结 …………………………………………………………… (57)
　　一、短绳收绳结 ……………………………………………………………… (57)
　　二、长绳盘绳结 ……………………………………………………………… (57)
　　三、背绳盘绳结 ……………………………………………………………… (58)

第五章　野外识图与方向判定 ………………………………………………… (59)
　第一节　地形图基本知识 …………………………………………………… (59)
　　一、地图比例尺 ……………………………………………………………… (59)
　　二、地貌符号 ………………………………………………………………… (61)
　　三、地物符号 ………………………………………………………………… (65)
　第二节　野外识图 …………………………………………………………… (67)
　　一、概略标定地图 …………………………………………………………… (68)
　　二、利用地物标定地图 ……………………………………………………… (68)
　　三、确定站立点 ……………………………………………………………… (68)
　　四、依地图行进 ……………………………………………………………… (70)
　　五、利用指南针确定行进方向 ……………………………………………… (72)
　第三节　野外方向判定 ……………………………………………………… (73)
　　一、利用罗盘(指南针)判定方向 …………………………………………… (73)
　　二、借助太阳判定方向 ……………………………………………………… (73)
　　三、借助月亮判定方向 ……………………………………………………… (74)
　　四、借助星体判定方向 ……………………………………………………… (74)

五、利用地物和植物特征判定方向 ……………………………………… (75)
　　六、迷失方向 ……………………………………………………………… (75)
第六章　野外生存生活技能 ………………………………………………………… (77)
　第一节　野外取水 ……………………………………………………………… (77)
　　一、野外水源 ……………………………………………………………… (77)
　　二、野外找水 ……………………………………………………………… (78)
　　三、气候与地面 …………………………………………………………… (79)
　　四、水质鉴别 ……………………………………………………………… (79)
　　五、野外取水和水质的改善 ……………………………………………… (79)
　　六、野外饮水注意事项 …………………………………………………… (81)
　第二节　野外觅食 ……………………………………………………………… (82)
　　一、可食野生植物 ………………………………………………………… (82)
　　二、可食野生动物 ………………………………………………………… (83)
　第三节　野外取火用火 ………………………………………………………… (89)
　　一、野外取火 ……………………………………………………………… (89)
　　二、野外用火 ……………………………………………………………… (90)
　第四节　野外宿营 ……………………………………………………………… (92)
　　一、野外宿营地选择 ……………………………………………………… (92)
　　二、野外宿营庇护所搭建 ………………………………………………… (93)
　　三、野外宿营注意事项 …………………………………………………… (94)
　第五节　野外天气观测 ………………………………………………………… (95)
　　一、山区气候特点 ………………………………………………………… (95)
　　二、天气变化的一般规律 ………………………………………………… (97)
　　三、天气的预测 …………………………………………………………… (98)
　第六节　野外求救 ……………………………………………………………… (101)
第七章　野外行走和穿越技术 ……………………………………………………… (105)
　第一节　野外行走 ……………………………………………………………… (105)
　　一、野外行走技术要领 …………………………………………………… (105)
　　二、各种野外地形行走技巧 ……………………………………………… (106)
　第二节　野外穿越 ……………………………………………………………… (107)
　　一、丛林穿越 ……………………………………………………………… (107)
　　二、沼泽穿越 ……………………………………………………………… (108)
　　三、草坡、碎石坡穿越 …………………………………………………… (109)
　　四、野外穿越注意事项 …………………………………………………… (110)
　第三节　野外行走和穿越中的绳索技能 ……………………………………… (110)
　　一、利用单结制作简易安全带 …………………………………………… (110)

二、制作简易胸式安全带配合路绳使用 …………………………………… (111)
　　三、利用意大利半扣结进行下降 …………………………………………… (112)
　　四、利用双套结制作担架及背包制作担架 ………………………………… (112)
　　五、绳圈背人 ………………………………………………………………… (113)
　　六、搭绳过涧 ………………………………………………………………… (113)
　　七、荡绳过河 ………………………………………………………………… (114)
  第四节　野外迷路的应对 ………………………………………………………… (114)
　　一、如何避免迷路 …………………………………………………………… (115)
　　二、迷路处理原则 …………………………………………………………… (115)
　　三、迷路处理步骤 …………………………………………………………… (115)

第八章　野外渡河和溯溪技术 ………………………………………………………… (117)
  第一节　野外渡河 ………………………………………………………………… (117)
　　一、河流风险识别 …………………………………………………………… (117)
　　二、渡河技术 ………………………………………………………………… (118)
  第二节　溯　溪 …………………………………………………………………… (123)
　　一、溯溪原则 ………………………………………………………………… (123)
　　二、溯溪装备 ………………………………………………………………… (124)
　　三、溯溪技术 ………………………………………………………………… (124)
　　四、溯溪注意事项 …………………………………………………………… (125)

第九章　野外攀登和下降技术 ………………………………………………………… (127)
  第一节　野外攀登 ………………………………………………………………… (127)
　　一、攀登技术 ………………………………………………………………… (127)
　　二、攀登过程中的保护技术 ………………………………………………… (130)
　　三、野外保护站设置 ………………………………………………………… (134)
　　四、攀岩基本要点 …………………………………………………………… (139)
  第二节　下降技术 ………………………………………………………………… (140)
　　一、利用下降器下降 ………………………………………………………… (140)
　　二、意大利半扣结下降 ……………………………………………………… (145)
　　三、坐绳下降 ………………………………………………………………… (145)
　　四、缘绳下降 ………………………………………………………………… (145)
  第三节　野外攀登和下降的安全规范 …………………………………………… (146)

第十章　野外常见风险的防范与处理 ………………………………………………… (148)
  第一节　自然灾害的防范与处理 ………………………………………………… (148)
　　一、气象灾害 ………………………………………………………………… (148)
　　二、地质灾害 ………………………………………………………………… (153)
  第二节　意外事故的防范与处理 ………………………………………………… (156)

一、生物灾害……………………………………………………………（156）
　　二、意外事件……………………………………………………………（160）
　第三节　常见伤病的防范与处理……………………………………………（161）
　　一、出血、止血和包扎…………………………………………………（161）
　　二、踝关节扭伤的处置…………………………………………………（162）
　　三、骨折固定……………………………………………………………（162）
　　四、野外急救……………………………………………………………（163）
**参考文献**……………………………………………………………………（167）

# 第一章 天目山国家级自然保护区概况

> **导言**：天目山国家级自然保护区有丰富、典型的自然资源和社会资源，是林业类、园林类、生物类、动物类、中药类等专业大学生基础课程实践教育，生态环境类专业大学生专业课程实践教学、毕业实习、就业实岗实训综合实践教育的理想场所，是国家级大学生校外实践教育基地。本章共分三节，分别为天目山自然资源与保护区历史、天目山国家级大学生校外实践教育基地及联盟、实践教育基地野外实习安全管理。

## 第一节 天目山自然资源与保护区历史

### 一、自然环境

天目山地处浙江省杭州市临安区境内，由东西两峰组成，东峰大仙顶海拔1480 m，称东天目山；西峰仙人顶海拔1506 m，称西天目山，两峰遥相对峙。两峰之巅各天成一池，宛若双眸仰望苍穹，因而得名"天目"。该名始于汉，显于梁，古称"浮玉"。天目山国家级自然保护区位于西天目山，所辖地域总面积4284 $hm^2$，地理位置为30°18′~30°25′N，119°23′~119°29′E，距杭州84 km。

天目山山体古老，系下古生界地质构造活动为始，继奥陶纪末褶皱断裂隆起成陆，燕山期火山运动渐呈主体，为"江南古陆"一部分。经第四纪冰川作用，地貌独特，峰奇石怪，天然自成，素有"江南奇山"之称。全山出露寒武系、奥陶系、侏罗系、第四系等地层。流纹岩、流纹斑岩、熔结凝灰岩、沉凝灰岩、脉岩兼而有之。天目山的地质构造特征形成了天目山独特的地貌，如四面峰、倒挂莲花、狮子口等地的悬崖、陡壁、深涧，千亩田、东关、西关溪持坑坞等地的冰碛垅，阮溪东坞、千亩田等地的冰窖，西关溪上游的冰川槽谷，开山老殿、东茅蓬的冰斗等。

天目山山势高峻，分长江、钱塘江而立。天目山南坡诸水汇于天目溪，注入钱塘江。北坡为太湖之源，汇聚长江入东海。天目之水清凉透彻，矿化成分丰富，水质优良。

天目山气候属中亚热带向北亚热带过渡型，受海洋暖湿气流影响，季风强盛，四季分明。气候温和，年平均气温14.8~8.8℃，最冷月平均气温-2.6~3.4℃，极端最低气温-20.2~-13.1℃，最热月平均气温19.9~28.1℃，极端最高气温29.1~38.2℃。无霜期209~235 d。雨水充沛，年雨期183.1~159.2 d，年降水量1390~1870 mm，积雪期较长，比区外多 10～30 d，形成浙江西北部的多雨中心。年雾期 64.1～255.3 d。光照宜人，年太阳辐射 3270～4460 MJ/m²。春秋季较短，冬夏季偏长。空气富含负离子，疗养保健之功效显著。是"天然氧吧"，避暑休闲胜地。

天目山土壤随着海拔升高由亚热带红壤向湿润的温带型棕黄壤过渡。海拔 600 m 以下为红壤，海拔 600～1200 m 为黄壤，海拔 1200 m 以上为棕黄壤。数千年间，植被演替积累了腐殖质丰富的森林土壤，覆盖全山。

天目山独特而又多变的自然环境，蕴育着丰富多彩的植被类型，主要类型包括：常绿阔叶林是天目山的地带性植被，星散分布于海拔 700 m 以下的低山丘陵；常绿落叶阔叶混交林是天目山植被的精华，集中分布于禅源寺附近和海拔 850～1100 m 的山坡和沟谷；落叶阔叶林是天目山中亚热带向北亚热带的过渡性植被，主要分布于海拔 1100～1380 m 的高海拔地段；落叶矮林是天目山的山顶植被，分布于海拔 1380 m 以上；针叶林是天目山的特色植被，尤以柳杉林最具特色，海拔 350～1100 m 均有分布；竹林，主要是毛竹林。

## 二、生物资源

1. 植物资源

天目山自然保护区内共有高等植物 246 科 974 属 2160 种，其中：濒危珍稀的野生植物 18 种，其中国家一级保护植物 3 种，国家二级保护植物 15 种；种子植物中中国特有属 25 个，天目山特有种 24 个，85 个植物模式标本；药用植物 1120 种，蜜源植物 800 多种，野生园林观赏植物 650 多种，纤维植物 160 多种，油料植物 190 多种，淀粉及糖类植物 120 多种，芳香油植物 160 多种，栲胶（鞣料）植物 140 多种，野生果树植物 90 多种。天目山自然保护区主要森林植被以"高、大、古、稀、多"称绝。目前，胸径 50 cm 以上的树木有 2032 株，100 cm 以上的有 664 株，200 cm 以上的有 19 株；平均高约 40 m，立木蓄积量达 20 000 m³，树龄多在 300 年以上，最老的已达 1500 年以上。

2. 动物资源

天目山自然保护区在中国动物地理区划上属于东洋界中印亚界华中区的东部丘陵平原亚区。由于地理位置特殊，自然环境优越，历史上人为活动相对较少，给野生动物生存、栖息创造了较为良好的条件，许多动物得以保存，因此，天目山自然保护区内野生动物资源十分丰富。据不完全统计，天目山自然保护区内共有野生动物 65 目 465 科 4716 种，其中：兽类 74 种，隶属于 8 目 21 科；鸟类 148 种，隶属于 12 目 36 科；两栖类 20 种，隶属于 2 目 7 科；爬行类 44 种，隶属于 3 目 9 科；鱼类 55 种，隶属于 6 目 13 科；昆虫类 4209 种，隶属于 33 目 351 科；蜘蛛类 166 种，隶属于 1 目 28 科；珍稀濒危的动物 39 种，其中国家一级保护动物 6 种，国家二级保护动物 33 种，省级重点保护动物 45 种；昆虫有 4 纲 33 目 351 科 2342 属 4209 种，以天目山为模式产地发表的新种有 657 种，涉及 3 纲 25 目 143 科，因此，天目山是名副其实的世界模式昆虫著名产地。

## 三、植被类型

天目山植被保存完整，植物种类繁多，植被类型多样，垂直分布明显。本保护区地处中亚热带的北缘，区内地势较为陡峭、海拔上升快、气候差异大，植被分布有着明显的垂直界限，在不同海拔地带上有其特殊的植物群落和物种。区内植物资源丰富、区系复杂，组成的植被类型比较多，依据植物群落的种类组成、外貌结构和生态地理分布，森林植被类型可分为8个植被型和30个群系组。自山脚至山顶依次为：常绿阔叶林、常绿落叶阔叶混交林、落叶阔叶林、落叶矮林，主要以混交林为主，常绿落叶阔叶混交林是本区的主要植被，也是精华部分，另外还有针叶林、竹林。天目山古木参天，原生古树比比皆是，树龄在千年以上的就有540余棵，500年以上的有820余棵，百年以上的不计其数。

### 四、保护区发展简史

中华人民共和国成立后，西天目山国有林地由浙江省林业厅直属於潜林场接管，接着先后划归浙江天目林学院（浙江林学院前身和浙江农业大学）。1978年，划归临安县，作为林场进行营林管理。1956年即被原林业部列为"全国森林禁伐区"，1975年3月，浙江省政府下文建立省级自然保护区；1986年5月，被国务院批准升级为国家级自然保护区。1986年，建立浙江天目山国家级自然保护区管理局，下设办公室、财务科、科研所、保护科、生产经营科等职能科室，1998年增设旅游科。1996年4月，在法国巴黎召开的联合国教科文组织"人与生物圈计划"国际协调理事会执行局会议上，正式批准接纳天目山国家级自然保护区为联合国教科文组织"国际生物圈保护区网络"成员。

天目山国家级自然保护区与省内外高校和科研单位合作开展了多种形式的科学研究活动，先后完成的科研项目有40多项，如"亚热带森林土壤动物区系及其在森林生态平衡中的作用研究""天目山自然保护区自然资源综合考察""天目铁木、普陀鹅耳枥保存及繁殖技术研究""高山树种调查及引种技术研究""难萌发种子休眠生理和解休眠方法研究""南方古树名木复壮技术研究""浙江天目山自然保护区昆虫资源研究""天目山柳杉古树衰退死亡原因调查与防治对策研究"等，取得了丰硕的科研成果，先后获得了国家自然科学奖二等奖、浙江省科技进步奖三等奖、林业部科技进步奖三等奖、浙江省林业厅科技进步奖二等奖等科研成果10多项。1999年，天目山国家级自然保护区被中宣部、科技部、教育部及全国科协联合命名为"全国青少年科技教育基地""全国科普教育基地"，出版了《天目山志》《天目山自然保护区自然资源综合考察报告》《天目山的昆虫》等著作。近年来，全国各地70余所大中专院校的师生在天目山进行植物学、气象学、昆虫学、动物学等多学科的教学、科研实习，保护区被国家科委等单位授予"全国青少年科技教育基地""全国科普教育基地"。

## 第二节 天目山国家级大学生校外实践教育基地及联盟

天目山地处中亚热带向北亚热带过渡地带，地质古老、地势地貌复杂多变，土壤垂直分布明显，一年四季气候温和。这些独特的环境条件构成了天目山植物区系的古老性、复杂性和种类丰富性。浙江农林大学自1958年建校以来，一直将天目山作为主要的实践教学基地。

天目山国家级自然保护区较高的生物多样性，丰富的植物、动物资源，以及土壤与植被的垂直带谱分布为"生物分类与资源利用""生物与环境垂直带谱变化规律综合实习"等实践教学项目的开展提供了得天独厚的自然实习条件。

2013年5月7日，教育部正式发文，"浙江农林大学—浙江天目山国家级自然保护区管理局农科教合作人才培养基地"获批国家级大学生校外实践教育基地（图1-1）。天目山国家级大学生校外实践教育基地由浙江农林大学牵头，以天目山国家级自然保护区管理局为依托，主要是以林业类、园林类、生物类、动物类、中药类、生态环境类等专业为核心专业，辐射农业类、农林经济管理、茶文化等专业，并拓展到继续教育与留学生教育的校外实践，在天目山国家级自然保护区建立基础和专业课程教学实习、就业、科研与创新教育实践基地，主要目的在于建成了一个功能齐全、管理规范，集教学实习、创新教育、社会实践、毕业（生产）实习、就业培训、科学研究等功能于一体，辐射性强、受益面广的农科教合作人才培养基地；构建一种多课程综合、多学科融合、多专业应用、多学校共享的产学研协同创新立体型实践教育模式，实现学生知识结构的融会贯通，实践技能的综合运用；建立一套校外实践教育中关于学生管理、安全保障等方面科学规范的规章制度，形成可持续发展的管理模式和运行机制，保证校外实践教育基地长期高效稳定运行；组建了一支专兼结合、结构合理的双师型指导教师队伍。由浙江农林大学教师与天目山管理局专业技术人员和管理人员共同组成指导教师队伍；培养了一批符合现代农林业和生物产业发展需要，知识、能力、素质协调发展，具有良好生态文明意识、创新精神和创业能力的高素质人才。

图1-1 基地揭牌

2019年12月6日，由浙江农林大学和浙江天目山国家级自然保护区管理局牵头，浙江农林大学与浙江大学、南京大学、复旦大学、华东师范大学共同发起成立天目山大学生野外实践教育基地联盟（以下简称"联盟"）。联盟的成立是深入贯彻习近平总书记给全国涉农高校师生的重要回信精神和落实全国教育大会精神的重要举措，以林业类、园林类、生物类、动物类、中药类、生态环境类等专业野外实践教育为核心，对实现教学资源共建共享，集聚人才培养优势，培养一批具有多学科背景、高素质的复合应用型人才，发挥人才培养中的示范与引领作用具有重要意义。

基地及联盟在现有丰富的野外教学资源和雄厚师资力量的基础上，整合了天目山森林生态系统定位观测站（综合实验楼、碳水通量塔、标准气象场、径流场和测流堰）、天目山国家级自然保护区管理局实践教学设施（科技馆、教室、实验室），设置了不同海拔梯度实践教学区（图1-2），建设了基础综合实践教学、专业综合实践教学、毕业课题与创新实践、社会实践4大实践教学类别（表1-1），生物与环境垂直带谱变化规律、野生动植物保护与利用等11个实践教学项目，覆盖林学、生态学、森林保护等14个林学类、生物科学类、自然保护与生态环境类专业29门课程的综合实践教学内容（表1-2）。基地面向国内外高校开放，已成为浙江大学、华东师范大学、上海交通大学等30多所高校的固定实习基地。

**图1-2　实践教学区**

**表1-1　实践教学类别、项目及适用专业**

| 实践教学类别 | 实践项目 | 适用专业 |
| --- | --- | --- |
| 基础综合实践教学 | 生物与环境垂直带谱变化规律综合实习 | 林学、森林保护、生态学、中药学、生物技术、生物制药、农业资源与环境、地理信息科学等 |
| | 不同植物群落中昆虫、真菌种类的调查实习 | 林学、森林保护、生态学、中药学、农业资源与环境等 |
| | 森林经理综合实习 | 林学、农业资源与环境、人文地理与城乡规划、地理信息科学等 |
| | 生物分类与资源利用实习 | 林学、森林保护、中药学、生物技术、生物制药、动物科学、农业资源与环境、园林等 |
| | 土壤垂直梯度变化规律实习 | 林学、森林保护、生态学、农业资源与环境、地理信息科学等 |
| 专业综合实践教学 | 生态规划、生态工程综合实习 | 生态学、旅游管理、林学等 |
| | 野生动物保护与利用综合实习 | 动物科学、森林保护等 |
| | 中药资源调查与利用综合实习 | 中药学、生物技术、生物制剂等 |
| | 林业有害生物普查、监测预警、综合防治实习 | 森林保护、林学、园林等 |

（续）

| 实践教学类别 | 实践项目 | 适用专业 |
|---|---|---|
| 毕业课题与创新实践 | 生物与环境、生态系统分析、碳汇与计量、资源保护与利用、自然保护区规划与管理 | 林学、森林保护、生态学、中药学、生物技术、生物制剂、园林、动物科学、农业资源与环境、地理信息科学、旅游管理等 |
| 社会实践 | 庭院景观设计、夏令营及科普知识宣传等 | 园林、风景园林、人文地理与城乡规划等 |

表1-2　综合实践教学内容

| | | | |
|---|---|---|---|
| 生态类 | 环境与个体生态特性观测 | 微生物类 | 天目山大型真菌识别及食药用真菌资源分布调查实践实习 |
| | 群落结构与动态调查 | | 垂直带谱与不同植被中真菌多样性分布规律实践实习 |
| | 森林生态系统分布规律 | | 垂直带谱与不同植被中细菌多样性分布规律实践实习 |
| | 森林生态系统、生态效益评估 | | 亚热带典型森林土壤微生物区系与气候变化规律实践实习 |
| | 林业生态工程规划设计 | | 不同林分结构下土壤微生物区系特征实践实习 |
| 植物资源类 | 天目山森林植物物种多样性调查 | 林学类 | 天目山森林病害识别及病害调查实践实习 |
| | 垂直梯度及不同类型群落的植物种类调查 | | 森林经理实习 |
| | 资源植物调查 | | 珍稀树种、园林绿化树种、中药植物资源开发与利用实习 |
| | 古树名木、资源及其保护 | | 垂直梯度土壤类型分布与土壤演变规律 |
| | 林业有害植物及其危害 | 创新实践 | 资源微生物挖掘 |
| 昆虫类 | 功能性昆虫资源采集及识别 | | 植物资源挖掘与利用 |
| | 林业有害昆虫采集与识别 | | 森林生态环境监测与评价 |
| | 自然环境生态系统与昆虫分布规律性 | | 功能性昆虫资源的开发与应用 |
| | 林业有害生物普查与测报实习 | 社会实践 | 天目山"人与环境"科普夏令营 |
| | | | 天目山"农家乐"庭院景观设计实践 |

# 第三节　实践教育基地野外实习安全管理

## 一、野外实习安全的重要性

野外实习是高等学校生物科学、地球科学、农业科学等学科相关专业进行实践教学活动的重要环节，也是实施综合素质教育的重要措施。例如，林学专业是农林院校最具特色的优势专业，主要开设"植物学""土壤学""气象学""测量学""树木学""林木遗传育种学""森林培育学""森林生态学""森林经理学""森林有害生物控制""林业生态工程学"等课程。林学专业有很强的认知性、实践性等特点。因此，其野外实习是实践教学的重要环节，通过野外实习可以让学生在大自然中掌握和巩固林学专业理论知识，增强林学专业实践技能，培养和提高学生从事野外科学研究的综合素质和科研创新能力。

目前，国内许多农林院校对实践教学都相当重视，学生实习实践的规模和频率越来越高，但在实习安全工作方面还比较薄弱或缺少具有很强指导性的举措。因此，近年来，安全事故的发生也呈上升趋势，事故造成人员伤亡和财产损失，这显然不利于和谐教育、和谐学校的建设，也不利于专业课程的发展。因此，野外实习的安全指导和条件保障变得尤为重要。

"珍惜生命，以人为本"是高校野外实习安全管理的重要原则。为了提高教学质量、提升实习效果、保障实习全过程安全有序地开展，参与实习的人员应掌握基本的野外安全技能，遵循安全科学的基本原理，树立科学的安全观，不断提高高等学校的综合安全文化素质，从而有效地避免或减少野外实习安全事故的发生。这对于构建和谐校园、和谐教育乃至和谐社会都有重要的现实意义。运用现代安全科学的理论和实践方法将安全风险降到最低点，也应该成为今后实践教学研究的一个有机组成部分。

## 二、野外实习安全事故的类型

### (一)自然因素造成的野外实习事故(自然事故)

这种事故多由自然现象引起，是在自然规律的作用下发生的。人类目前还无法阻挡和控制自然现象的发生，但人们可以认识、了解和掌握自然灾害的发生规律，从而制定预防事故的对策。例如，在实习区域突发地震、雷电、海啸、台风、洪水等自然灾害，就有可能造成实习人员伤亡或仪器设备损失，但如果根据自然灾害发生规律建立了相对完善的预警机制，就能防止或减轻在自然灾害对实习人员和财物所带来的危害和损失。

按自然灾害发生的地球圈层位置来划分，危及野外实习安全的自然灾害主要有以下3种：

①气象灾害：如暴雨洪水、高温、雷电、大风、风暴潮、寒潮低温、雪灾、雹灾和干旱等；

②地质灾害：如地震、火山、滑坡、崩塌、泥石流等；

③生物灾害：如有毒植物、有毒动物(蚊虫、毒蛇之类)和猛兽等。

### (二)随机因素造成的野外实习事故(随机事故)

这种事故往往是由众多事件聚合引发的，再好的安全措施和技术也无法避免这类事故的发生。例如，一起交通事故，它是由于车辆性能不可能达到100%安全，驾驶员不可能没有失误，路面情况和天气变化不可能处于静止状态等因素聚集在某一时刻、某一地点而引发了事故。这类事故理论上永远不可根除，但是可以通过不断完善技术，提高社会经济发展水平来减少事故的发生频率。然而，在高等教育中决不会因为随机事故的发生而终止野外实习活动的进行。

### (三)人为因素造成的野外实习事故(人为事故)

这类事故是指在野外实习过程中，由于人的失误和过错引发的事故。这类事故的发生与人们规范活动密切相关，事故发生频率与人类规范活动呈反比。规范活动包括：规章制度、技术要求、安全教育等。这是控制事故发生的最基本保障。

## 三、野外实习安全管理要求

### (一) 建立野外实习安全管理的相关规章制度

野外实习是专业课程实践教学的重要环节，涉及很多方面，但实习安全始终排在第一位。为切实加强野外实习的安全管理，确保师生实习工作顺利开展，以及高效、有序地组织事故抢救工作，最大限度地减少人员伤亡和财产损失，实习院校需建立野外实习安全规章制度。

1. 制定野外实习方案和安全预案

为顺利完成野外实习教学任务，实习院校需制订实习方案和安全预案，以应对野外实习过程中可能发生的各种突发安全事故。

(1) 实习方案制订

实习方案的内容应包括实习指导教师的配备、实习人数、实习时间和地点、交通住宿安排、实习内容、野外实习路线规划等内容。实习指导教师应在实习前根据教学大纲要求和实习内容编写实习讲义，并深入实习基地，根据基地的实际情况编写实习指导书。为确保实习顺利、有效地开展，实习指导教师要到实习地点实地考察，选择好实习路线，回避泥石流和滑坡易发区、陡坡、悬崖等危险地形，以及山高林密、人迹罕至地带，并充分估计和预判可能出现的各种安全隐患，为安全、高效开展实习工作做好准备。

(2) 安全预案制订

在实习之前，指导教师应预判各种可能出现的安全隐患，提前做出详细的应对预案。主管实习工作的各级负责人的手机需 24 h 开机，确保第一时间掌握野外实习动态。实习带队教师必须第一手掌握负责人小组、全部实习师生、交通车辆、就近医院等的联系方式。联系方式最好制成一个便携式电话簿，如遇突发事件时，能尽快联系到责任人和当事人，并第一时间采取应对措施，快速、有效地处置事件，将损失降到最低。

2. 建立应急领导小组

应急领导小组由学院主管教学工作的院长、院 (系) 团委负责人、实习带队教师担任，小组成员包括实习教师、各班班长和各小组组长。原则上每次野外实习至少要有 1 名学院主管学生工作的教师带队，一旦发现隐患、发生安全突发事件，带队教师第一时间上报领导小组并采取相应有效措施，及时消除隐患，解决和应对突发事件。领导小组人员要分工合理、责任明确。

3. 建立突发事件应急处理预案

遇事要冷静、果断采取措施，迅速平息事件，减轻人员伤亡，保护生命安全，控制事态发展，是处理突发事件的重要法则。在突发事件的处理过程中，师生不要向外传递不实和负面信息，避免引起混乱，保障突发事件得到快速处理。

4. 引入人身安全保险制度

前期准备工作做得再细致有时也难免会发生意外事故。因此，为了最大限度地保障学生的权益，减少意外事件带来的经济损失，野外实习时学校应为外出实习师生购买商业意外保险,保障师生在发生意外伤害时能够得到经济补偿。

5. 建立野外安全知识和技能培训制度

野外实习出发之前,学校应聘请有丰富经验的带队实习教师,对学生进行野外实习安全隐患及应对策略的培训。学生提前了解实习区域的基本概况、实习过程中可能遇到的风险,可以让学生有心理准备,掌握应对突发事件的方法和自救本领。

(1) 高危设备使用上岗培训

在实习过程中,学生有时可能会用到无人机、油锯、电锯等危险设备,一旦马虎和松懈,很容易造成人身伤害。因此,在实习之前,学校应组织高危设备上岗培训工作,只有使用技术通过考核的学生,才能使用此工具,其他学生严禁使用这些危险设备。

(2) 开设有关实习安全教育选修课

对于国内农林类院校来说,学生野外实习任务多、累计时间长,难免发生意外事件,因此,学生必须学会野外救助方法,提前采取安全保障措施。为此,学校应开设"野外救护"和"野外生存技能"等课程。

6. 建立野外实习安全监督体系

制定的规章制度需要监督才能更好地执行实现,因此,构建完善的安全监督体系是野外实习安全的重要保障。安全监督体系应由学校、实习单位和家长三方组成:校方应成立以实习人员所在学院领导为首的监督领导小组,每年度应巡查各实习点,督促学生安全实习,消除各种可能存在的安全隐患;实习单位应经常组织安全检查,消除实习的安全隐患;家长应及时督促学生遵守实习安全制度,保证实习安全。

**(二) 实施全方位的野外实习安全管理**

1. 行前准备

(1) 召开安全和组织纪律教育会议

实习出发前,实习人员所在学院应召开实习布置和安全教育工作会议。在思想方面,要求学生端正学习态度、严守组织纪律、增强时间观念;在野外实习途中,要求学生不得无组织无纪律、不得随意脱离集体、不得到缺乏安全保障的地方游玩等;在业务方面,要求学生明确实习目的、了解实习要求和实习地点的基本情况,携带和管理好实习器材。

(2) 填报野外实习个人信息表

实习出发前,每位学生需填写野外实习个人信息表,信息表内容包括课程实习信息(课程名称、实习人数、实习地点、实习时间、应急救援电话等)、个人信息(个人身份信息、联系电话、疾病史、紧急联系人等)、组员信息(人数、姓名、性别、联系电话等)、交通信息(交通工具类型、车牌号、驾驶员信息、交通路线等)、实习路线信息(起终点、路线长度、预计完成时间等)。

(3) 装备准备

在实习出发前,根据实习内容需要和实习地点的地形、环境、气候等情况准备相应的实习工具、仪器和野外安全装备。

(4) 药品准备

野外实习环境复杂,夏季气候阴湿易变,容易诱发各种疾病,同时考虑蚊虫、蛇等的侵扰，所以还要做好必要的急救药品和知识的准备，如镇痛药、晕车药、感冒药、中暑药、蛇药、防蚊虫药、痢疾药、皮肤过敏药、肠胃疾病用药、各类外伤药等常用药品，以及高锰酸钾等消毒剂和杀菌剂。此外，还需准备应对野外受伤或水土不服等急需的药品，以及基本医疗器械和包扎装备等。

(5) 通信设备准备

在野外实习时，为了定位和联系方便，每组学生应配备一套手持全球定位系统、一部对讲机。另外，还需提醒学生随身携带手机、备用电池和防水袋，以备急用。

2. 交通及住宿安全管理

(1) 交通安全

学生前往实习区域乘坐交通工具时，教师需提醒学生注意车况，留意车门和车窗开关是否正常，若发现异常状况应立即向教师或组长报告。在行车过程中，教师应提醒学生不得将身体任何部位伸出车外；在停车休息或者换乘时，教师应提醒学生看管好所带物品。

(2) 住宿安全

学生到达实习所在地区后，教师应建立巡查制度，不定期检查各宿舍情况，并提醒学生白天离开、晚上睡觉时要关好门窗，保管好随身携带的财物。在实习过程中，教师应提醒学生注意文明礼貌、尊重他人、团结协作、不惹是非，同时还要督促学生不随意谈论民族、宗教、地方民俗等敏感性、禁忌性话题。如果露营，营地应选择在安全的区域，需安排值班人员轮守营地的。

3. 实习期间安全管理

学生的野外实习能否顺利开展并达到预期的教学目的，需教师科学地组织和管理，以及学生掌握必要的安全防护知识，如饮用水安全、食物安全、疾病预防(中暑、感冒、脱水、热抽筋、腹泻等)、蛇虫咬伤预防(蜂蜇、虫叮、蛇咬等)、意外伤害预防(摔伤、关节扭伤、高危设备伤害等)、其他人身安全预防(迷失方向、野泳、野外用火、泥石流、雷电等)。

总之，野外实习安全影响因素众多，且关乎实践教学的效果，尤其关乎师生生命安全。因此，应充分做好野外实习的准备工作和各种安全预案，及时应对和处理各种突发事件，只有保障安全才能达到最好的教学效果。

**思考题**

1. 野外实习安全事故的类型有哪些？
2. 野外实习安全管理具体有哪些要求？
3. 实施全方位的野外实习安全管理要完成哪些工作？
4. 为什么要实施野外安全技能教程？

# 第二章 野外实习的安全原则、内容及方法

> **导言：** 野外环境地形复杂，气候多变，安全隐患较多，建立和完善安全管理机制是保证野外实习顺利进行，保障师生在野外实习中生命和财产安全的关键。遵循客观规律，掌握野外实习的安全原则、内容和方法，提高安全防范能力，目的在于未雨绸缪、防患于未然。本章共分三节，分别为安全第一、预防为主原则，行前准备、保障到位原则和应急联动、科学施救原则。

## 第一节 安全第一、预防为主原则

### 一、野外实习安全教育概述

安全是指人身财产受到保护、没有危险、不受伤害、没有事故的状态。人类从诞生的那一天起，就必须面对安全问题。安全伴随着人类历史发展的全过程。在历史发展的长河中，人们在与自然、人为、社会等不安全因素抗争的过程中，在安全与避害方面积累了许多宝贵的经验和教训，开展了安全教育。现代安全科学理论认为：安全是社会稳定和发展的前提，是个体生存和发展的基本保障。

具体到野外实习而言，对其安全性的思考是一种居安思危的、宏观的、超前的和深层次的探索。野外实习的过程大都是探险性过程，通常涉及登山、攀岩、野营、丛林穿越、渡河、溯溪等项目，这些项目具有很强的刺激性和挑战性。它能使人走进大自然，挑战自我，培养个人毅力和团队合作精神，提高野外生存能力，获得良好的情感体验。这些特点让野外实习对学生有很大的吸引力。但与此同时，人们也要面对由此带来的各种安全问题。在野外实习中，由于涉及面广、潜在风险高以及易受外部条件和环境影响制约等特点，如果缺乏安全防范意识，不仅无法实现野外实习的课程目标，甚至还会发生危险事故，造成人身伤害。因此，在开展野外实习之前，应加强安全教育，树立防范意识，提高野外应急能力。

具体而言，野外实习安全教育就是针对野外实习而开展的安全教育活动，即对野外实习的各要素及活动过程中容易出现的各种安全问题进行系统培训与学习，是以防范为手段、以安全为目标而主动实施的一系列行为措施。安全教育的本质就在于能够预防灾害，并将灾害造成的损失降到最低，进而给专业课程的建设和发展带来积极帮助，为学校各类专业人才的培养提供保障。

## 二、野外实习安全教育原则与要求

开展野外实习安全教育要以人为本,以野外安全科学理论为指导,并密切结合专业课程实践。只有切实有效地进行安全教育,才会起到应有作用。具体来说,野外实习安全教育有以下原则与要求。

### (一)野外实习安全教育原则

在进行野外实习安全教育的过程中,应遵循以下基本原则:

1. 系统性原则

野外实习安全教育要全面涵盖野外安全涉及的各个方面,必须依照野外实习的目的性、相关性、层次性、整体性来组合,且各个教学部分之间应相互联系、相互辅助。

2. 全面性原则

野外实习安全是一个多层面的问题。同样,安全教育也是一个多层次、多角度的立体结构。野外实习安全教育的基础,应从安全层次出发,全面考虑总体安全因素。

3. 实践性原则

野外实习安全教育不应只停留在理论层面,更要发挥实践中的可控作用。因此,在理论教育的同时,应加入实践内容,使学生可以获得切身感受。

### (二)野外实习安全教育要求

野外实习安全教育必须依照各种安全管理规章制度来组织和实施,如安全防火制度、交通安全制度、野外技术操作管理制度,野外环境保护管理制度等。此外,在野外实习安全教育活动中,还应做到以下几点:

①严格遵守国家法律、法规和各项规章制度,注意自己的人身财产安全,防止各种事故的发生。

②在野外教学及各项活动中,应遵守纪律和有关规定,听从指挥,服从管理,在特殊环境或险要地段要增强安全防范意识,提高自我保护能力。

③注重野外实践能力的提高,使学生通过学习可以掌握和运用与野外实习安全有关的各项基本技能,提高应急处置能力。

## 三、野外实习安全教育内容与方法

### (一)野外实习安全教育内容

一般而言,目前开设的野外实习课程,在教学内容上主要分理论和实践两部分,其安全教育也可以分理论和实践两部分。理论部分一般包括野外实习安全基本概论、野外活动常识和野外生存知识,以及野外安全意识与技能等;实践部分包括野外生活与活动技能、野外遇险求救和自救技能、野外生存技能实践等。

作为野外实习的带队老师,首先要使学生了解将要开展的野外实习所需的安全基本理论及实践操作技能,同时训练提升学生的各种素质。在各方面能力和素质达到要求后,先在校内模拟操作,然后逐步组织学生到野外进行综合实践。

从野外实习安全教育的内容可以看出，野外实习对参与者的身心素质要求较高，需要掌握多种野外技能，除了本专业所需的专业知识和技能外，还需要野外活动技能，如登山、攀岩、渡河、溯溪、岩降等。因此，野外实习的安全保障应引起足够的重视。

### （二）野外实习安全教育方法

强化学生安全教育，提高安全意识。学生安全意识的高低、安全知识的多少和自我防范能力的强弱直接影响学生的野外实习安全。要通过灵活多样的安全教育增强学生安全意识，增长防范知识，提高安全防范能力。让每位学生都能构筑起自我保护屏障，是最有效的安全机制。野外实习安全教育是开展野外实习的重要内容，必须采取切实可行的措施予以落实。常用的野外实习安全教育方法有以下几种：

1. 安全宣传

针对野外实习的特殊性，对实习过程中的特别注意事项、易发事故、自救知识等内容，编印宣传资料，借助学院公众号、微信、QQ、学院安全宣传栏等多种宣传渠道向野外实习的学生发放。此外，在进入野外实习区时，领队及组织人员等要先对学生进行系统性的安全教育，使其对实习过程中可能发生的问题提高警惕，对处理方法及呼救途径等给予明确说明，提高安全意识，保障实习顺利进行。

2. 专业培训

专业培训主要是指针对野外实习的师生专门进行野外活动安全技能和野外急救技能的培训。野外活动安全技能可以邀请户外运动专家或学校内开设户外运动课程的体育老师来授课，进行专业培训。野外急救技能培训可以邀请当地红十字会的急救培训师或学校医院的医生来授课，进行专业培训。专业培训的目的是使参与野外实习的师生在思想、心理和行为上形成高度的重视、奠定良好的自我安全意识，学会规范操作、安全操作。此外，通过专业培训可以提高野外实习的效率和质量，并且在应对突发事故时能够救人与自救。

3. 案例警示

进行野外安全教育要善于利用典型的事件、案例进行宣传教育，以生动形象的事实警示师生。一是可以利用以往本校或其他学校野外实习中事故的典型案例，在野外实习安全教育活动中进行宣讲、分析、讨论等；二是可以在学校或学院公共场所举办有关野外实习安全的专题展览等。

## 四、野外常见事故类型分析

野外活动专家根据各种野外事故类型，将野外事故发生的原因从不安全状态、不安全行为、判断问题三个方面进行分析（表2-1）。

表2-1 野外事故模型

| 不安全状态 | 不安全行为 | 判断问题 |
| --- | --- | --- |
| 落物 | 不当指导 | 取悦大家（不愿意大家扫兴） |
| 不当地域（物质、政治、文化等） | 不当监控 | 试图赶行程 |
| 天气 | 不当速度（过快或过慢） | 错误认知 |

(续)

| 不安全状态 | 不安全行为 | 判断问题 |
|---|---|---|
| 装备、服装 | 不当的物品/饮品/药品 | 新的/意外情况（包括恐惧和紧张）|
| 急流、寒水 | 不当位置 | 疲劳 |
| 动植物 | 非常规的或者不当的程序 | 注意力不集中 |
| 参加者/组织者的身体及心理状态 | | 沟通不畅 |
| | | 忽视直觉 |

注：资料引自 Dan Meyer and Williamson @ 1979—2008。

### （一）不安全状态

不安全状态是指野外实习期间可能造成伤害或损失的情形，包括自然环境、社会环境及参加者的状态。

自然环境方面：有天气（如雷电、暴雨）、地理因素（如陡坡、悬崖、落石、落冰）、急流寒水（如瀑布、雨季的山溪）、动植物（如毒虫猛兽）。

社会环境方面：包括政治动荡地区、军事禁区。

参加者的状态方面：包括身体和心理状态，如带病去野外、对困难和危险估计不足、过于轻视或过于谨慎、体能不足等。

### （二）不安全行为

不安全行为是指野外实习期间的不当行为，既包括领队的行为也包括参加者的行为，具体包括：

不当指导：如未明确告知学生渡河时须解开背包的腰带、肩带等。

不当监控：如危险地段没有专人盯防等。

不当速度：如为了赶行程催促学生急行军或迁就学生拍照延误时间。

不当物品：如冬季使用夏季帐、麻绳替代登山绳等。

不当位置：如河床或河滩上露营、陡坡或悬崖边活动、学生间距太近、处在滚石下方等。

非常规或不当程序：如固定保护绳时无自我保护、单人独自探路、恶劣天气情况下队伍分离。

### （三）判断问题

判断问题是指既有客观方面的因素，也有主观方面的因素，其中包括：领队过于迁就学生而导致时间延误；为了赶行程，忽视学生体能的差异性；对野外状况判断不准确，如恶劣天气强行出行；意外情况下慌神、紧张、恐惧，造成匆忙做决定或造成队伍混乱；疲劳状态下，人的判断和意识会下降，正常可以应对的事情，在此时容易出偏差；注意力不集中，容易犯一些简单错误，而简单错误可能会造成大的伤害；沟通不畅，容易导致行动不统一或引起冲突；在野外直觉有时对判断会起到很大的作用，如当心中莫名的恐慌或犹豫时，这种直觉有时很准。

了解野外事故发生的原因对安全开展野外实习是很有帮忙的，对照上述野外事故模型可以有效防范不当的状态、行为出现。

## 第二节　行前准备、保障到位原则

凡事都需要未雨绸缪，对于充满众多不确定因素的野外实习更是如此。野外实习的风险往往与环境因素、准备因素和人为因素密切相关，行前计划与准备也要从这些方面进行综合考虑。

在参与野外实习出发前都要问自己七个问题：为什么去、去做什么、去哪里、什么时间去、和谁去、怎么去、带什么东西，这就是我们行前计划要考虑的因素。

### 一、为什么去

除了专业学习需要外，观景、健身、探险、结交朋友，这些都可能是学生野外实习的目的和动力，野外实习类型的选择以及其他计划与准备也多半和人们的动机相关联。假如野外实习只是为了应付完成任务，自然不会选择难度大、时间长的路线；如果是为了科考、探秘或探险，那么一般不会走成熟的、大众的简单路线。所以明确野外实习的目的，能更好地为出行做好准备。

### 二、去做什么

现实中这样的情况并不少见：野外实习的学生对实习目标的设定没有给予足够重视，或者目标不明确，和现实发生了脱离导致活动进行过程中出现人与人、人与物、人与环境之间的各种矛盾与冲突，有时甚至给活动本身带来灾难性后果。因此，明确野外实习目标是行前准备工作要考虑的首要任务。

### 三、去哪里

选择去哪里或采用哪条路线取决于野外实习的目的，对目的地和路线信息了解得越多越好。现在去任何地方基本上都可以通过网络查得到相关信息，但从认识并去过的人那里得到的信息往往会全面也更准确。

#### (一)需要获得哪些内容

1. 背景资料
①搜集活动当地的环境资料和地图。
②与当地有关单位或个人取得联系，获得地理、天气及当前季节气候等相关信息。
③与去过此地区和线路的同学、老师取得联系来获得相关信息，如他们的行走路线及遇到过的意外情况等。

2. 合法性
①是否需要许可，如何获得，获得许可是否需要费用等。
②对队伍的规模有无限制。
③露营地点有无相关的规定，如靠近水库、居民区是否需要经过许可审批等。
④途中有无保护区、禁行区等，如动植物保护区、军事禁区、宗教区域等。

3. 路线情况

①活动路线的长度、难度及走向等。

②活动路线的出入口条件，如位置、车辆的通过性等。

③风险因素的识别与分析：应该知晓活动路线某一特定区域潜在的危险，如地理环境方面（河流、陡坡、断崖、碎石坡等）、天气方面（降水、降温、雷电等）、动植物方面（有无伤人动物、有毒昆虫及有毒植物等）。

④有无水源及其具体的位置。

⑤路线中有无需要特别注意的地方，如观光景点、历史文化遗迹等。

4. 季节和天气

①野外实习地点的白天时长，日出、日落时间和温差等。

②季节对天气的影响，如沙尘暴、雷雨等。

③天气对实习的影响，如对队伍有无威胁等。

④实习中的海拔变化有多大。由于海拔每上升1000 m气温下降6℃，那么服装就要参照海拔的变化来准备，如生活在500 m的海拔区域，而露营的地方海拔在2500 m，那么气温就会差12℃，携带的服装就要按低12℃来准备。

### （二）从哪些途径获得

在当今的信息社会，第一种信息来源自然就是网络，需要注意要对这些资料进行认真的甄别和筛选，从中分析出自己想要获得的有效信息。第二种信息来源是通过同学、朋友和老师等。实习人员可以通过询问获取实习地的相关信息以及了解实习线路的难易程度。第三种信息来源是参考相关出版物，如攻略手册、地图等，要留意出版物的出版日期，必要时应与当地的相关部门核实书中介绍的情况。第四种信息来源是从所去实习地方的管理单位获取有效的信息。不过，在联系之前，要做好一定的准备，这样才能提出有意义的问题。联络的时候，要把相关的资料放在面前，把你的计划尽可能地描绘清楚，还要大胆地询问额外的相关信息或者建议，如对方不经意间推荐的小路可能更能满足野外实习的需要。

## 四、什么时间去

关于野外实习的时间有两方面的考虑：一是具体的实习时间计划；二是实习的季节特点。其中，时间计划不仅要考虑实习的时间，还要考虑去程和回程的时间，并预留机动时间，以备意外情况之需。野外实习路线有一个粗略的估算方法——奈史密斯定律（Naismith's Rule），可以据此粗略地估算路线上的行进时间，虽然受体能、经验、队伍的规模、地形的复杂程度等因素的影响，但得出一个概略的时间，再根据获得的信息进行修正，这对计划准备会有极大的帮助。

奈史密斯定律：对一个成熟的徒步者来说，山地徒步时间可以按以下的经验公式估算。

$$徒步时间 = 徒步距离/徒步速度 + (上升高度/上升速度) \times 1 \text{ h}(上升)$$
$$+ (以上所用小时 \times 5 \text{ min})。$$

式中　徒步速度估算：3.2 km/h；
　　　上升速度估算：305 m/h；
　　　每徒步行走 1 h 休息估算：5 min。

为方便理解，举例说明。如徒步 12.8 km，上升 610 m 高度，计算所用时间。

总时间 = 12.8 km ÷ 3.2 km/h + (610 m ÷ 305 m/h × 1 h)(上升) + (以上所用小时 × 5 min)
　　　 = 4 h + 2 h + (6 × 5 min) = 6 h 30 min

## 五、和谁去

不管是在日常的生活中，还是在紧急的情况下，同伴是你最好的资源。和优秀的同伴前行会给你的野外实习留下更多美好的回忆。每个人都希望实习中的每个参与者都具有与实习本身相匹配的能力、和谐相处的个性品格以及良好的判断力。当然，最理想的是团队中的伙伴拥有各自不同的技能，但是这需要提前了解，并且确信要能够宽容彼此的缺点与不足，宽容缺少经验的队友，尤其是当你和一些技能出众的同伴同行的时候，应学着做一个学习者。

## 六、怎么去

选择何种交通工具？考虑中途需不需要换乘交通工具，如火车、汽车、轮船、飞机等，甚至有些地方可能需要骑车或乘皮划艇才能到达。考虑交通工具时，还需要考虑以下这些问题：要去的地方和要去的时间是不是有班车或能否租到车；是不是车送到了，而回来时还需要在别的地方接；需不需要另外的车辆运送装备，如皮划艇、自行车或其他装备；租用车辆时，应该确认租用的车辆车况良好，并近期做过车检保养，司机和车辆的保险应齐全，最好能与运输公司签订用车协议。

## 七、带什么东西

### (一)野外十大必需品

1. 额外的服装与庇护

风衣是无论什么季节或天气条件下都要携带的，哪怕是在炎热的夏季。雨布或天幕可作为庇护所用的物品，以应对寒冷、潮湿或炎热的环境。

2. 额外的水

除了携带正常的喝水量以外，还要另备上 1 L 的饮用水(若在沙漠，需要另备 2 L)。行程中在可能的条件下应随时补充装满水壶。

3. 额外的食品

适量的食品备份，包括能量棒、能量补充液、干果等高热量食品。

4. 便携刀具

保证刀具能正常使用。

5. 配有备用电池和灯泡的头灯(或手电)

头灯平时不用时，把一节电池倒置，这样可保证头灯不至于在背包里被意外打开，或者将电池拆下来另放。

6. 火柴、打火机或点火器

最好是防风火柴，这些引火器最好是用防水袋、密实袋装好。

7. 地图和指北针

要懂得怎样使用地图和指北针。在野外一定要知道从哪个方向来，往哪个方向走。如果有 GPS，也是很好的选择，但要根据实习时间备好足够的电池。

8. 防晒物品

带檐的帽子、防晒指数(SPF)15 以上的防晒霜、长裤、长袖衣服，都可以有效防止日晒。阳光强烈时戴一副太阳镜特别有用，也可以抹唇膏，唇膏里通常含有防晒成分。

9. 急救包

所有野外实习都应配备急救包，由队伍的领队或指定的人携带，也可以单独携带自己的急救包，但应该让队伍中的所有人知道如何使用。如果行程中用上了急救包，须记录使用对象，使用药物的类别、数量及使用时间。

10. 可选物品(哨子、镜子)

哨子或镜子仅可用于紧急呼救，未迷路或不需要帮助的时候切不可随意使用。

以上这些装备的准备是繁琐的，但要知道携带足够的装备，能够使我们在迷路或被困的情况下保证 24 h 的安全。当发生紧急状况时，被困人员也许需要更长的时间等待救助人员的到来，足够的装备让我们能够从容应对。

### (二)根据野外实习的具体情况选择装备

在决定"带什么"时应考虑如下问题，将会有助于装备的准备和选取。

①你要到哪里去(实习的特定区域，如山区、沙漠、海洋、河流等)。

②你要从事的是什么样的野外实习(如观察、采摘、取样、测量等)。

③实习中可能会出现的气温变化范围。

④实习中可能会出现哪些天气的变化(如下雪、下雨等)。

⑤实习中需要什么样的鞋子(如徒步鞋、登山鞋、雪鞋、防水鞋等)。

⑥实习会持续多长时间(单日、多日，还是几个月)。

⑦针对你的活动是否需要一些特别的技术装备(如攀登装备、雪地行进装备、打包装备等)。基于上述基本信息，再结合具体的实习从而选择相应的装备。通常情况下，可以将自己携带的装备按照类别依次划分为服装、个人装备、集体装备等。

### (三)野外服装的准备

保持正常的体温和身体干燥是野外实习中要遵循的重要着装法则。正确地选择户外服装可以使人体更加舒适，更重要的是能够抵御因环境变化而可能对身体造成的伤害。在选择野外服装时需要考虑以下因素：

①重量。

②排湿透气功能。

③干燥时间、保暖、合身。

④参与实习的项目特点。

⑤按最坏的情况准备。

三层着装法则是野外服装穿着的不二法则，即内层排汗（排汗内衣）、中层保暖（抓绒衣裤）、外层绝缘防护（冲锋衣裤）。此外，头部和肢体末端（手脚）需要特别加以保护。一般在野外活动中应选择穿几层轻便的上衣，身体中心部位（指腿部以上的躯干和头部）以肢体末端（手脚）需要特别加以保护，以便能够及时根据天气状况进行增减。

**（四）野外食品准备**

1. 水

水是人体必需的物质，在体温没有发生变化的情况下，人没有水只能生存 3~4 d。脱水会导致身体不适，判断力和协调力下降，容易患上高原疾病、低温症和中暑，严重的可以造成脱水死亡。人体每天大约消耗 2.5 L 的水，这些水主要通过尿液、呼吸、汗水、粪便等方式排出。在运动中，水的消耗会远远大于这个数字，如在密林里穿越需要水 8 L 左右，不同的实习强度、地理环境、天气以及不同的个体特点对水的需求都会有差异，个人可以根据经验和对水的耐受来配备携水量。

体液的流失必须通过饮水和食物的途径得以补充，所以在徒步和背包徒步的时候要定时、少量多次地进行水分补充。野外实习中水的饮用不要等到渴的时候才喝。大家都知道，身体缺水和有渴感是有一个时间差的，身体缺水后有一个小段时间才会感到口渴。另外，口渴后大量饮水过一小段时间之后口渴的感觉才会消失，这时有可能饮水过量，所以野外实习中需要遵循少量多次的原则。通常，每隔 0.5 h 或 1 h 就要喝水一次，每次 100~200 mL 不等。除了口渴的感觉之外，判断身体是否缺水还可以通过排尿来判断。如果 2~3 h 都没有排尿，或者排尿少且发黄，说明身体可能缺水了。

2. 食物

携带的食物能够提供足够的能量以保证实习活动所需。野外实习中，依据每个人的体能状况和所从事的活动日消耗的能量在 10464~16743 J 之间。通常情况下，卡路里的摄入应该包含 50% 的碳水化合物，25% 的蛋白质及 25% 的脂肪。野外实习中所携带的食物可以将碳水化合物、蛋白质、脂肪按 2∶1 的比例配备。

好的野外食物富含营养，简单、易于准备，并具有重量轻、体积小、实惠，不易腐烂变质并且可口的特点。一般来说，每天安排三顿正餐和若干次零食。每顿正餐的饭量不少于家中的饭量，口味要清淡，行进途中随时补充能量。

在制订食谱的时候需要考虑的其他方面还包括：实习的天数、炉子的类型和燃料、实习的类型、烹饪的时间、可能的天气条件、费用和食材的种类、水的获取等。

在食物选择的时候需要考虑的方面包括：营养、重量和体积、便于准备和携带、不易变质、口感等。

**（五）出行前自我检查的十个方面**

在野外实习出发前，认真回答下列问题，有助于我们掌控各种局面，至少做到心中有数。

①是否同行队伍中的所有人都知道这次行程的详细计划安排？

②你的领队是否确保队伍中无身体不适者？如果有，也许会给此次实习带来一些麻烦。

③队伍中是否有人有特殊的药物问题？是否每个人都携带了急救包？确保你急救包里的急救物品齐全，并且懂得一定的急救知识。

④你是否在启程前查询了天气预报？当天气预报提示天气恶劣或行程中天气情况变糟时，随时做好放弃行程并返回的准备。

⑤清楚此次行程所需要携带的衣物、装备和食物，以及为什么携带和如何合理使用这些物品。在启程前再次检查所有的装备。

⑥学习野外求生基本技能，能够应对紧急情况，以提高自己的生存概率。如在迷路、遭遇洪水或突遇暴风雨时，能够在需要的时候进行生火，会搭建紧急庇护所，掌握地图识别及指南针的使用，懂得一定的水中救援技术，同伴溺水时知道如何应对。

⑦行程计划与准备期间，针对所有实习人员的体能进行过一定的训练，达到参加实习的体能要求。

⑧为你自己的安全负责，当你遇到麻烦时，不要总寄托于他人的帮助。

⑨在遇到情况需要作决定时，应停止行进，对有利条件和不利条件进行评估后再采取合适的行动。

⑩切记要把你的所有行程信息留给一个可靠的紧急联系人员。当决定实施野外实习之前，制作一份野外实习紧急情况联络信息表是非常必要的（表2-2）。将这张表留给自己信任的人，以备发生意外情况时使用。

计划准备阶段非常重要的一个环节是在出行前进行再次确认，尤其物资准备方面要根据装备物资清单进行确认，同伴之间互相确认，避免遗漏物品而导致在野外出现尴尬，甚至出现危险情况。

表2-2 野外实习紧急情况联络信息表

| 实习单位安全负责人 | 姓 名 | | 联系电话 | |
|---|---|---|---|---|
| 报警电话 | | | | |
| 实习课程名称 | | | | |
| 实习起止日期 | | 年 月 日至 | 年 月 日 | |
| 实习指导老师1 | 姓 名 | | 联系电话 | |
| 实习指导老师2 | 姓 名 | | 联系电话 | |
| 实习指导老师3 | 姓 名 | | 联系电话 | |
| 实习学生人数 | 男 生 | 人 | 女 生 | 人 |
| 最早返回日期及时间 | | | | |
| 最晚返回日期及时间 | | | | |
| 起始点 | | | | |
| 交通工具 | 车 型 | | 司机姓名 | |
| | 车牌号 | | 联系电话 | |
| 第一天实习路线 | | | | |
| 第二天实习路线 | | | | |
| 第三天实习路线 | | | | |
| 第四天实习路线 | | | | |

(续)

| 第五天实习路线 | | | | | |
|---|---|---|---|---|---|
| 本人信息 | 姓名 | | 性别 | | |
| | 手机 | | 血型 | | |
| | 身份证号码 | | | | |
| | 紧急联系人 | | 与本人关系 | | |
| | 紧急联系人电话 | | | | |
| | 本人既往病史与药物过敏信息等： | | | | |
| | 本人亲笔签名 | | | | |
| | 填写日期 | | 年 | 月 | 日 |

注：此表为将要进行野外实习者准备，请每次出行前详细填写此表格，并交给你的紧急联系人保管。当你结束实习时，请第一时间与持有你这份表格的紧急联系人联络。如果我在预计的最晚返回日期和时间之内，还没有和紧急联络人取得联络，请拨打以下电话报警！

## 第三节 应急联动、科学施救原则

在野外实习过程中，由气象、地质、生物和意外等因素造成的学生伤害事故发生后，应立即启动学生野外实习应急预案。领队或现场第一目击者需在第一时间联系学校相关部门、野外实习所在地单位以及医疗机构，实施应急联动，确保在最短的时间内进行高效施救。但在野外环境中伤者无法得到迅速、完备的城市医疗求助，有限的资源、严峻的自然环境更突显了野外急救的特殊性。因此，领队或第一目击者需在野外环境中实施初步紧急救护措施，最重要的是要及时判断问题的严重程度，及时科学、合理地进行处理，同时防止出现二次损伤和次生事故，积极做好医院前处理，以达到挽救生命，减轻伤残和痛苦的目的。

### 一、急救前准备

在野外的环境中，一旦出现人员身体损伤的情况，不要急于进行伤口处理和伤员搬运，这样很容易遗漏事故细节，造成二次损伤和次生事故。切记在正式进入处理环节之前应完成以下工作：

#### (一)环境评估

①伤者是谁。
②团队其他成员是谁，在哪里，个体的基本情况如何，是否存在其他风险。
③拥有的资源是什么，包括物资、人员、外部的支持等。

在进行野外急救时，首先要保证施救者自己的生命安全和健康。同时，要确保其他施救者、旁观者以及伤患本人不再受到更多的伤害。如果你第一个到达现场，此时你的首要责任就是迅速进行全面的现场评估。采取行动前首先稳定现场，如果有必要，应立即打电

话给专业急救(救援)团队。进行这一环节的评估时,要注意以下几点:

①发现并排除任何风险因素,包括环境因素(落石、低温、雪崩等)和其他人为因素,创造一个安全、稳定的环境来开展后续的救援行动。

②急救时采取自我保护措施,包括使用手套、护目镜、面罩,正确使用消毒剂、处理废物等。

③进行现场评估的同时,还要根据现场的情况分析判断伤病机制。

**(二)查看伤者基本生命体征(首要评估)**

这一环节的任务是快速检查伤患的三大关键系统——循环系统、呼吸系统和神经系统。由于凡是与三大关键系统相关的重大问题,都会危及到患者的生命。因此,在着手解决其他任何问题之前,必须优先解决这一环节评估中所遇到的问题。具体评估内容包括:

①呼吸状况,强弱、速率(次/ min)。

②脉搏状况,强弱、速率(次/ min)。

③意识状态,清醒、意识不清、有痛感、无意识。

进行这一环节的评估时,还要注意以下几点。

①要使伤者的呼吸道保持畅通,要使伤者的脊椎保持稳定。

②冷静检查、理性评估,不要因为伤者的糟糕状态或病痛挣扎而分心,从而做出错误判断。

③检查和稳定伤者身体的三大关键系统没有特定的顺序,而是要根据实际情况而定。

**(三)对伤者进行全面检查(次要评估)**

这一环节的检查主要集中在病史排查和全面身体检查方面,目的是仔细地完成评估,分出轻重缓急,以便解决问题,其评估的速度、细节和顺序是可变的。具体检查内容包括以下方面。

1. 身体检查

借助视诊、触诊、听诊多种手段,对伤者进行从头至脚的全面身体检查,要特别留意任何异常情况,如压痛、肤色的改变、肿胀或变形等。对于无意识或无法配合的伤者,还应该查看其随身物品(口袋、背包等)。如果随身携带的药品、胰岛素注射器等物品,能够为我们提供更多重要的信息。

2. 收集伤者的医疗历史信息(SAMPLE)

SAMPLE 这几个字母具体分别是指:

S——症状,包括伤者的口述。

A——过敏,对什么过敏?有多严重?

M——药物,用途?是否遵照医嘱?非处方还是处方?

P——病史,相关重要的医疗病史。

L——最后一次的摄入和排泄,包括吃喝拉撒、月经周期等。

E——事件,野外事故细节的描述。

进行这一环节的评估时,要注意以下几点:

①搜集医疗史信息可以在体检前，也可以在体检后单独进行，但切记不要与身体检查同时进行。

②搜集医疗史记录时要有侧重点，如膝盖扭伤，伤者若干年前曾做过腹部手术，那手术信息可能与眼前的问题没有太大关系；但是如果伤者主诉腹部疼痛，那么这样的手术历史就显得异常重要，因为手术伤疤可能会增加腹部梗阻的风险。

③仔细询问医疗历史信息能够揭示许多未被发现的问题，帮助急救者有针对性地发现问题。

事实上，如果这一环节执行得准确详细，将会是整个评估过程中最有用的部分。

3. 测量重要的生命体征

进行重要生命体征的测量，可以判断出伤者的情况是在恶化还是在好转，并能尽早发现潜在的问题。测量生命体征的具体方法取决于可用的装备和施救者的受训程度。测量生命体征的频率取决于后勤的状况，以及施救者对伤者的担忧程度，最好是每间隔一段时间将以下6个生命体征指标一起测量并记录，以此作为依据对伤者的身体状况和伤病发展趋势做整体判断：

脉搏（P）：正常人是60~120次/min，常用的测量位置是桡动脉（手腕处）和颈动脉（颈部）。

呼吸（R）：正常人的呼吸频率是12~20次/min，呼吸急促、吃力或伴有杂音都需要引起重视。

血压（BP）：正常青年人安静收缩压为100~120 mmHg，舒张压为60~80 mmHg。

体温（T）：人体正常的身体核心温度为37℃，需要注意的是，人体的核心温度和体表皮肤温度存在着较大的差异，而野外环境中获得核心温度的最准确方式是口腔和直肠测温。

皮肤（S）的颜色：可以反映出血液通过组织内的毛细血管状况，皮肤颜色的改变通常提示身体出现疾病或伤痛造成的血容量损失。

意识水平（AVPU）：这是反映脑功能状态的重要指标。

A——患者处于清醒状态。

V——患者对声音有反应。

P——患者对疼痛有反应。

U——患者处于无意识状态。

基于以上三个环节的信息，基本可以对伤者的情况以及周边环境形成清晰的认识，此后进入伤情处理环节。对以上的数据应及时进行记录，便于前往医院后为医生提供急救的参考。

## 二、伤情处理环节

评估环节完成后，即迅速进入伤情处理环节，该环节应本着以下基本原则进行：

①不危及施救者和参与救援的其他成员。

②施救者若不是持证医师，不做超越职限的处理。

③处理应以防止伤情进一步恶化、便于搬运和进一步救援为目标。

## (一)伤情处理

在野外可能产生的损伤一般情况包括：

①软组织损伤，包括开放性损伤和闭合性损伤。

②骨折，包括开放性骨折和闭合性骨折。

③休克。

每一个野外实习的学生针对以上伤情的操作都应进行必要的准备，包括装备准备和技能准备。应该在参加野外实习之前，准备合适的急救包并参加急救技能培训。

## (二)搬运

在处理伤情的同时，应评估当时的环境、人员和资源状况，开始制订搬运计划：联络外界，获得急救和搬运的最快支持；在保障其他成员不出现次生事故的前提下，根据人员和环境的情况，确定是否搬运及搬运的形式。搬运形式一般有背负、担架运输等，各种形式适应的情况不同，应根据实际情况确定最安全、最高效的搬运形式。

## 三、救生物品

在被救援之前，要保持冷静，让自己处在容易被发现的位置，因此无论如何都要随身携带急救包。要确保急救包轻便和小巧，便于野外随身携带。并利用随身携带的可利用的装备做救生物品使用。急救物品应包括：

①各种形式的应急遮蔽物，如求生毯、地垫、防雨罩、睡袋罩、聚乙烯护板、帐篷、背包防水袋。

②点火器，包括火柴和打火机，还包括火石、蜡烛、橡胶碎片、灯芯等。应确保点火器在潮湿的情况下仍旧能够点火。

③锋利的刀子。

④哨子，在求救时比喊叫要省力也更有效。

⑤锡箔纸，可以用来烹饪鱼和肉，将其放置在火后面可以用来反射热量，如果保持平整光滑的话可以用来发现求救的反光信息，也可以拆成本子使用。

⑥短绳，5~10 m 长的尼龙绳。

⑦纸和铅笔，如果离开你所在的位置，不管时间的长短，留下一个便签并说明你要去做什么。

通常急救包里装一些果珍、脱水的汤包和固体浓缩汤料，用做热饮和冷饮，也可配一些麦芽糖、咖啡、糖和盐。

**思考题**

1. 野外实习安全教育的原则与要求有哪些？
2. 简要分析野外常见事故类型。
3. 列举野外十大必需品。
4. 简要说明野外实习出行前自我检查的十个方面。
5. 如何查看伤者的基本生命体征？

# 第三章　野外实习安全装备

**导言：** 工欲善其事，必先利其器。在野外实习中，安全装备具有相当重要的地位，是保障参与者生命安全和野外实习正常有序进行的物质基础。安全装备在野外实习期间遇到突发事件以及复杂地形等情况下，不仅可以帮助顺利完成实习任务，而且还可以最大化地实现实习目标。本章主要介绍个人装备、公共装备和技术装备。

## 第一节　个人装备

个人装备是指进行野外实习时，学生所必需的个人用具，主要包括背包、睡袋、防潮垫、户外服装、登山鞋、火种、帽子、手套、水具、灯具、刀具等用品。

### 一、背包

背包是野外实习最重要、最基本的装备。如果野外实习天数多、路程远、地形复杂，很多实习所需的仪器、设备以及个人必备的生活用品和安全装备等都可以放在包内携带，这样既可以提高实习效率，又可以增加野外实习的安全性。野外实习有大量物品需要携带时，应选择容积在 65 L 以上的背包(图3-1)。

**图 3-1　背包**

#### (一)背包选择

在野外实习的过程中，背包的好坏直接影响行进时的安全。因此，选择背包时首先要考虑用途，除了容积外要重点考虑背负系统。背包的负重设计原理基于以下三方面：稳定性、重力传递、贴合性。重力传递的合理性是背负系统的关键，背包设计的主导思想是将背包的背负重量分散于人体的整个背部，而不是集中于某一部位。在背包的贴合性方面则要考虑以下问题：

①肩带的调节范围必须符合背长。
②抬头时避免碰到框架或顶端的口袋。
③背包所有接触身体的部分是否有足够的软垫。
④查看背包的内架和缝线的结实程度。
⑤检查是否有胸带、腰带、肩带等以及它们的调节带，特别要注意肩带的厚度及质量。
⑥是否有提环、整备环、装备袋及压缩带等功能。

⑦拉链是否方便和牢固，如有防水设计最好。

## (二)背包装填方法

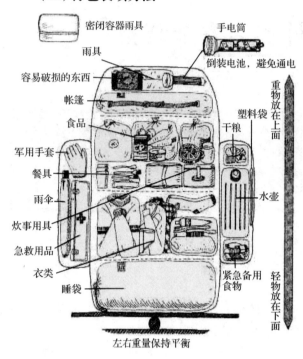

图 3-2　背包装填方法

装包应保证物品便于取用，如手套、帽子、墨镜、地图、防雨罩等，最好放入头包或侧包中。物品要分类填装。装好的背包重心要高，左右要平衡，背起来重心要靠近背部，让臀都承受大部分重量。物品的摆放规则是轻的物品放在下面，如睡袋和备用的衣物放在底层；重的物品放在上层，如水、食品。这样容易保持平衡，背起背包行军也不易累(图 3-2)。为了防水，可将物品分别用塑料袋装好，再放入背包中，这样可保证在雨中行走或背包不慎落入水中时，包内的物品不会打湿。帐篷、防潮垫等可放在背包的外部，使用外挂来固定。

## (三)背包使用注意事项

①行军通过急流和陡峭的地段时，应扣紧胸带和腰带，使背包与人形成一个整体，万一发生意外情况，背包还可以为自救提供帮助。例如，落水时背包在一定时间内可以充当救生圈；滑倒时背包可以起到缓冲作用，防止受伤。

②宿营时背包口要扣好，避免小虫，小动物进入背包。

③在外宿营时，背包可以充当枕头，如果将背包放置于帐篷外，则应用防雨罩盖住背包，以免露水打湿背包。

## 二、睡袋

睡袋是野外实习宿营时的必备装备，可以为宿营者提供良好、安全、温暖的睡眠条件，保障野外实习的学生恢复体力，对起着举足轻重的作用(图 3-3)。

### (一)睡袋保暖原理

睡袋是利用蓬松的填充物形成一层不流动的空气层，以静止的空气层做为防线，来隔开外界的冷空气与人体所产生的热气，减少身体热量的散失。睡袋的保暖效果主要取决于其保温层的厚度。

### (二)睡袋填充物

睡袋的保暖度、重量和价格主要依填充物的

图 3-3　睡袋

种类和品质的不同而定,分为棉睡袋、人造棉睡袋和羽绒睡袋。填料中羽绒最保暖,羽绒睡袋蓬松度高、保暖性强、易压缩、不变形、经久耐用。但羽绒的缺点是易吸水,羽绒潮湿后不蓬松,保暖效果大大降低。

暖和的睡袋可烘干手套,袜子和鞋垫等小件衣物,但千万不能穿着大件的湿衣物入睡,这样在睡袋内没有流动的热气,反而会失温。

### (三)睡袋选择及保养

睡袋上一般标有睡袋适用的环境最低温度指数,也就是使用该睡袋在所标示的最低温度环境里仍能感觉舒适的温度。但影响睡袋使用温度的因素很多,故仅供参考,这种指数是否符合个人需要,要考虑帐篷的质量及露营环境情况等。例如,通常在春夏季露营,使用棉睡袋就足够了,但具体选择还需依露营地的实际温度而定。至于选择什么材质的睡袋,应该先了解实习区域的气候变化情况,选择轻便保暖、适合实习区域地理气候条件的睡袋即可。睡袋务必保持干燥,平时应风干,不可暴晒,更不得烘干。凡是羽绒制品,除非实在有必要,尽量避免清洗,所以睡袋的清洗要特别慎重。如果只是局部有污渍,尽量只洗局部;若平时有使用睡袋内套及睡袋外套的习惯,便只需清洗此二附件,而不必洗睡袋本身。在晾晒或者清洗时,一定要注意保护睡袋,千万避免锋利、坚硬的物体碰到睡袋,否则刮破后很难修补。

## 三、防潮垫

防潮垫的作用在于防潮、隔热和防硌,抵御来自地面的寒气,保证睡眠的质量,保护宿营者的身体健康。常见的防潮垫主要有两种:一种是泡沫防潮垫;另一种是自动充气防潮垫。现代工艺的防潮垫体积一般都不大,体重也较轻。因此,建议大家在进行野外实习时,一定要带上防潮垫,给自己创建一个安全、舒适的睡眠环境(图3-4)。

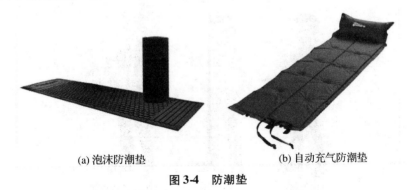

(a) 泡沫防潮垫     (b) 自动充气防潮垫

图 3-4 防潮垫

防潮垫的使用应注意以下事项:

①防潮垫应用垫套包好,以减轻运动时的磨损,延长使用寿命。

②在行军过程中,防潮垫一般外挂在背包外。应用背包外挂带系紧、挂好。

③展开自动充气垫防潮垫时,应该令其自动充气,不宜用嘴吹气过多,呼入的水汽会影响防潮垫使用寿命。

④使用防潮垫时,地面要整平,清除地面上的石子和树枝等坚硬的物体,以防损坏防

潮垫。

⑤防潮垫的材料多为易燃物，应注意防火，不要在上面使用炉具和抽烟等。

### 四、户外服装

野外环境复杂多变，为抵御恶劣环境对人体的伤害，保护身体热量不被散失及快速排出实习过程运动中所产生的汗水，在野外实习时应该做到分层着装。所谓分层着装，是指在野外实习中穿着不同材质的衣服，以适应野外各种天气变化对人体所带来的影响。

衣着的目的就在于保暖、保护和舒适。人体的正常体温约为 35.8~37.8℃，正常人体温在凌晨 3:00~5:00 时最低。若有风，流动的空气能不断把热量从人的体表转移走，这种"风寒效应"在有风时就更加明显。人体处在静止的环境中，热量散失较少。但在 0℃ 以下，气温越低，风寒效应越显著，而高度每上升 1000 m，大气温度一般会降低 6℃。

加速人体热量散失的因素除了风之外还有水分。一般衣物在湿透之后，其绝缘保温效果大约降低超过 39%，而水的冷却能力较之空气的冷却能力高 23 倍，因此，假如衣裤湿了，体温被水分快速冷却，野外实习者很快便会感到寒冷难耐，此时再加上寒风，尤其是在高山上，更易造成冻伤，因此，野外实习者必须考虑防寒装备的防风、防水性和透气性。

#### （一）野外着装的分层原理

通常，人体热量的丧失有四种途径。

①对流：潮湿的环境中的风寒效应比干燥环境中严重。

②传导：直接接触冷源导致热量流失。

③蒸发：余热大部分通过此途径散失，如流汗。

④辐射：仅有少部分热量由此途径丧失。因此，在寒冷环境中，通常采用三层式着装法，即内层、中层和外层（图3-5），分别对人体发挥舒适、保暖和保护作用。

(a) 内层排汗　(b) 中层保暖　(c) 外层绝缘保护

图 3-5　三层着装法

#### （二）野外分层着装的方法和要求

1. 内层——贴身衣裤

内层衣物的主要功能是排汗，因此也称作排汗内衣。内层衣物的主要用途是保持人体皮肤的干爽。如果人体排出的汗水造成表面蒸发，就会带走身体的大量热量，从而使人感到寒冷。所以内衣适宜选择合成纤维物质的内衣,避免穿着纯棉、纯毛的内衣。内衣须贴身才能充分发挥保暖的功用,且不会造成过度摩擦,选择时注意贴身程度应适中,切勿过紧。

2. 中层——保暖衣物

中间层服装主要提供保暖功能。保暖衣的作用是在衣服内形成空气层。空气是良好的隔热媒介,其在保暖衣内形成空气层之后,外界的冷空气被与身体隔开,从而达到保持体温的目的。选择中间层服装时应注意调节性与方便性。

通常中间层可采用人工材料(如抓绒)和天然材料(如羽绒、羊毛、织物等)。中间层的衣物一般没有防水功能,主要配合外层穿着。

3. 外层——防风衣裤

外层服装提供隔绝冷热、防风、防水的保护功能。外层服装的选择应以方便活动、容易穿脱为原则。一般材料的防风衣裤能防风,但防水性强的常常透气性差,反之透气性好的则防水性差。现代科技的发展已经开发出 GORE-TEX 等防水透气面料。其原理是在薄膜状态下,表面的小孔直径正好处于水分子与蒸汽分子之间。蒸汽分子可以通过,而水分子不能通过,从而达到防水透气的效果。

三层着装的好处在于可以因地制宜,因气候制宜。衣服穿得太多、太少对身体都不好,应该保持体温在37℃,温度太低会造成失温,太高又会中暑。如果觉得热,可以脱去中间层,最外层也有保温作用。天气寒冷的时候,可以穿上不止一个中间层,以提供更多的空气层,以便于更好地保暖。

### 五、登山鞋

登山鞋用途比较广泛,适用于较低海拔的登山、徒步、穿越等,能满足大部分野外行走、攀爬的要求。户外运动爱好者和野外工作者大多是穿着此类登山鞋。此类登山鞋较重,鞋底厚实、底纹深、耐磨耐用,鞋体多为高帮或中帮(图3-6)。穿着登山鞋在崎岖的山路和不平的砂石路面行走可以有效地保护踝关节和脚的其他部位,避免受伤。

采用现代工艺的登山鞋大多选用高科技材料制成,如鞋底用 Vibram 底,防滑耐磨,保护脚不被地面尖锐物戳穿鞋底造成损伤;鞋面内衬多用 GORE-TEX 防水透气材料。高科技材料的运用在一定程度上减轻了鞋的自重,增加了鞋的舒适度,减少了脚部受伤的可能性(图3-7)。

(a) 高帮登山鞋　　　(b) 中帮登山鞋

图3-6　登山鞋

图3-7　高科技登山鞋

**(一)登山鞋选购**

①在下午的时候买鞋。因为人的脚在下午时会略微有些膨胀,避免买小。

②带上自己的袜子,最好是用来搭配登山鞋的袜子。

③穿上袜子后,一定穿上鞋亲自试一试,而且两只脚都要试穿,确保尺寸满足稍大的一只脚。

④鞋码的确定应以在鞋带松开的情况下,将前脚掌与鞋前端贴合后,在脚后跟与鞋后跟之间能够放进一个手指为宜。

⑤系好鞋带以后,活动、屈伸脚趾尝试能否碰到鞋前壁,如果容易挤碰脚趾,则太小。因为新鞋穿久后,可能会稍微增加宽度与厚度,但绝不会增加长度。

⑥把鞋带系紧后,应穿着鞋来回走一走,感受一下舒适程度(如有上坡、下坡路体验更好)。

⑦最后,再把脚绷起来踢一踢地面、墙面,以此来感受舒适程度及安全防护性能。

**(二)登山鞋保养**

1. 清洁

每次使用完后,要全面清洁登山鞋。鞋面要用稍软的刷子清理泥土、灰尘等;鞋底则要清理干净砂石等,切勿夹留在纹理间;鞋里同样需要清洁,如很难清洁干净,可用清水擦拭。

2. 晾干

在清洁完后,要把鞋子放在通风、阴凉的地方晾干。即使鞋子在活动中没有被打湿,但脚可能会出汗,不及时晾干会降低鞋内层的透气功效。最好不要用火烘干、或在太阳下暴晒,这样不仅损坏材质还会使鞋变形,对干透的鞋子还要适当进行防水处理,可涂抹一些专用防水油剂,然后放在阴凉处。

3. 存放

存放在阴凉、通风的地方,避免发霉。把鞋带解开;尽可能将鞋楦或一些报纸团塞入鞋内,这样可使鞋不易变形。

## 六、火种

在野外实习中,火种是必备物品。实习工作疲惫了一天后需煮一顿热餐、雨后快速烘干衣物及取暖或是驱赶野兽等都需要火种。进行野外实习,千万别忘记携带火种。目前,在野外最常用的取火工具一般为火柴或打火机。在一般环境中,普通火柴和打火机都能应付,如果是高海拔或恶劣环境,建议最好携带具有防风、防水功能的专业火柴或打火机,以备急需。在野外用火应注意以下注意事项:

①应选择近水的地方用火,并备一桶水,以免发生意外。

②在多树、多草的地方行军时,禁止吸烟。

③不要在禁止用火的地方用火。

④大风时最好不要用火,以免强风吹散火堆,引起火灾。

⑤在野外用火应有专人负责生火、灭火，并及时检查，防火区应随时有人值勤。
⑥灭火时，应用水把火堆充分浇灭或用土覆灭，并恢复自然环境原貌。

## 七、手套

手套是野外实习的必备物品。手是人体活动最主要部位，做任何事情都离不开手，因此对手的保护也应格外重视，因为寒冷时手会变得僵硬，使操作变得困难。又因为野外特殊的环境与意外情况会磨破手，以至于实习工作无法进行，所以，在野外配备一双好的手套会显得非常重要。

手套按外形可分为并指手套和分指手套（图3-8）。并指手套是指除大拇指以外其他四指连在一起处于一个空间内；分指手套是指五指各自独立，完全分开，可以自由活动。还有一种半指手套是五个手指的指头部位露出在外不加保护。

野外手套一般分为两层，内层保温保暖，外层防水防风、耐磨。野外手套在制作上还有一个特点，就是在手套的手掌部分都加有防滑功能的材料，手背部分还加有硬质材料做保护。一副好的适用于野外实习的手套，是你在野外工作中的好帮手。

(a) 并指手套　　(b) 分指手套

图3-8　常见手套类型

## 八、帽子

在野外实习中，帽子是一般人比较容易忽略的装备。帽子带上后，冬季可以保暖，夏季可以防晒，而且还可以防止落下来的物体和伸展的树枝损伤头部，是野外实习必备品之一。帽子的种类繁多，有太阳帽、棉帽、抓绒帽等（图3-9），多数野外服装的外衣上通常

(a) 太阳帽　　(b) 棉帽　　(c) 抓绒帽

图3-9　常见帽子类型

也配有折叠式帽子。帽子可根据用途来选定，夏天活动选择太阳帽，帽檐能防止颈部被晒伤；冬季可选择抓绒帽，抓绒帽有很好的保暖效果，再配合外衣上防水透气的帽子一起使用可达到更好的保暖效果。

## 九、水具

人体中的水分含量占到体重的 2/3，同时水又是人体活动的重要介质，其重要性众所周知。在野外实习中，人体的水分随着排汗、呼吸等生理活动大量的流失，及时补充水分是人体机能得以正常维系的关键。在野外实习的大多数情况下，要喝水时，往往不能马上找到水源，因此，随身携带水具就显得尤为重要。

目前，野外用水具主要有铝制运动水壶、铝制保温水壶、水袋等（图 3-10）。这些水具由于材质的不同，应根据具体情况而选定，总的原则是实用、便于携带，不会产生对人体有害的物质。建议不要携带易碎的玻璃水具。

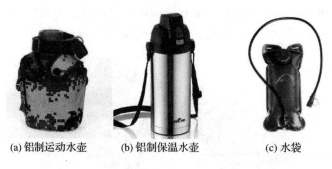

(a) 铝制运动水壶　　(b) 铝制保温水壶　　(c) 水袋

**图 3-10　野外用水具类型**

## 十、灯具

灯具是野外实习的必需品。夜间行进、夜间实习操作、夜间生活等都离不开照明灯具。野外灯具可分为手电筒、头灯、营地灯等（图 3-11）。

(a) 手电筒　　　　(b) 头灯　　　　(c) 营地灯

**图 3-11　野外用灯具类型**

### 1. 手电筒

手电筒是最常用的夜间照明工具。它轻巧、操作方便、价格低廉，但缺点是必须手持。在野外夜间行进或要用手来做其他事时，手电筒就不太适合。

## 2. 头灯

头灯是野外实习中较为专业、使用起来很方便的灯具。作为戴在头上的灯具，它能够使人们在夜间工作或活动时，解放双手去做其他事情，如整理和制作标本、搭建营地、做饭等，而且头灯在使用过程中光线与视线保持在同一个方向，使用起来方便，同时也提高了野外实习的安全性，是野外用灯具的首选。

## 3. 营地灯

营地灯主要放置在营地，用于营地的照明。在使用时首先要注意防水，有些营地灯具有防水的功能，但也不能长时间在雨中使用。

外出时应根据时间长短备足各种灯具的电池、携带备用灯泡，以防途中损坏。白天时最好取出电池，以防无意中打开电源，造成电池电量消耗。

## 十一、刀具

在野外实习中，一把好的刀具可以帮你排除困难、脱离险境，在特殊情况下还能挽救你的生命。野外实习过程中携带一把多功能刀具可以帮你完成很多工作，如采集标本、整理和制作标本、处理食物、修理装备等。一把好的刀具可以增强野外实习的信心。

野外实习常用刀具主要有多功能折叠刀（如瑞士军刀）、野战刀等（图 3-12）。

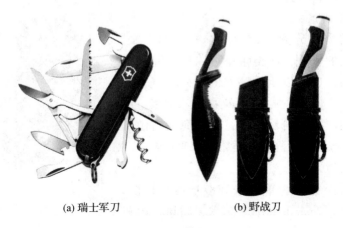

(a) 瑞士军刀　　　　　　(b) 野战刀

**图 3-12　常用刀具类型**

### 1. 多功能折叠刀

多功能折叠刀具有多种功能，包括刀、螺丝刀、镊子、开瓶器、罐头开启器等。大多数的多功能折叠刀都有十几个功能，有的能达到几十种功能，在野外使用十分方便。目前，在野外用的比较多的多功能折叠刀是瑞士军刀。

### 2. 野战刀

野战刀比较大，主要用于野外丛林开路，其刀背面有锋利锯齿，可以切割绳索、锯木等，是野外实习期间应携带的刀具。

在使用野外刀具时应注意以下事项：

①在野外实习过程中，刀具应放置在便于拿取和使用的地方，以应付突发情况。

②刀具在使用过程中应特别小心，不能伤到别人和自己，在不用时需妥善保管。

③刀具不能放在火中烧，不要用刀锋去砍石头等硬物。

④用野战刀开路和砍树木时，入刀角度在45°左右，并提前观察好前后、左右是否有同伴，避免挥刀时伤到人；削切物品时刀锋应远离身体。

## 第二节　公共装备

公共装备是指在进行野外实习时，全体人员共同使用的装备。常用的装备有帐篷、炊具、通信器材、定位设备和太阳能充电器等。

### 一、帐篷

帐篷(图3-13)对于野外实习者来说就是他们的家，帐篷提供了防风、防雨、防寒的功能，同时还能防止昆虫和小动物的侵扰，给疲惫的野外实习者提供相对舒适的休息环境，以便恢复体力进行后续的工作。

图3-13　帐篷

#### (一)帐篷分类

1. 按适用季节划分

帐篷按适用的季节分为可分为三季帐和四季帐。三季帐是为最常见的帐篷，此类帐篷可以满足除冬季以外的绝大数环境，也可以承受突发的意外天气，如降雪、大风、降雨等。野外实习大多采用三季帐。四季帐主要用于较为严酷的自然环境，如高海拔雪山和极地等大风、大雪恶劣的天气，此类帐篷保暖性好。

2. 按外帐层数划分

帐篷按外帐的层数分为单层帐和双层帐。目前，常用的多为双层帐，外帐主要用来防水、防风，内账提供居住空间和保持通风透气。单层帐对于材料要求很高，要集防水、防风、透气功能为一体，因此价格昂贵。此类帐篷主要供攀登雪山或在高海拔严寒地区实习时使用。

3. 按容量大小划分

按帐篷容量的大小可分为单人帐、双人帐、多人帐和集体帐。多人帐能容纳4人左右，集体帐容纳的人数可达上10人。

#### (二)帐篷组成

帐篷主要由帐杆、防风绳、帐钉、内帐、外帐、帐底六大部件组成。

1. 帐杆

多数帐杆都是铝制，现在也有玻璃纤维材料的，强度上玻璃纤维帐杆不如铝制帐杆结实。当然，帐杆的强度还取决于它的粗细，大多数露营帐的帐杆直径都在8.5~9.5 mm，个别高山用的帐篷可能会达 11.5 mm。碳纤维帐杆更结实、更轻,但价格要比铝制帐杆高不少。现在又发明了内管铝制,外管是碳纤维,质量要比纯铝制的轻 1/3 左右。

帐杆通过帐布或者挂钩与帐篷相连,杆头会插进固定器里面,把帐篷用风绳拉好后,就会变得很结实。平时注意不要踩踏帐杆,也不要把帐杆当抓手进出帐篷。野营时还应记得要带上帐杆修复套管或者备用的帐杆,以防帐杆断裂、破损。

2. 防风绳

有风或是要离开营地时,帐篷必须要拉上风绳,并且重新固定帐钉。在高山上,风绳就显得更为重要了,一顶帐篷甚至需要 6 根以上风绳来固定。风绳最好选择有夜光的,或是在防风绳上拴挂发光条,以免晚上出去时被绊倒。

3. 帐钉

帐钉一定要适应营地地面状况。在营地,可以先试打一个帐钉,如果下面有石头可能就会弯曲,所以通常选用比铝制结实多的铁制、钛制帐钉。但如果在软面上,如雪地或沙地上搭帐篷,就要选择帐钉头较大的,这样不至于陷进去找不到,最好的办法还是找大的物体,如背包、石头等,直接用风绳绑上帐钉然后埋在雪或沙子里。

4. 内帐、外帐

内帐是透气不防水的材料,以便可以轻易地将帐篷内的潮气排出;外帐是防水不透气的材料,可以抵御风雨。两层之间的空间要足够大,以免刮风时将两层贴到一起。帐篷的内帐多采用透气性好但不防水的尼龙材料,也可采用蚊帐式设计,即使有潮气也可以很快保持干爽;外帐则采用聚氨酯材料或在面料上压覆硅胶,以达到更好的防水效果。

5. 帐底

由于帐底直接接触地面,所以容易受到碎石、草根树枝的刮划而损坏,而且下雨时地面潮湿,因此要求帐底具有防水和结实耐磨的功能。常用的帐底材料为 PE 布和防水聚酯布。PE 帐底常用在中低档帐篷,防水聚酯布常用于中高档帐篷。为了保护帐底,延长帐篷的使用寿命,在野外宿营时应选择平整的营地扎营,撑帐篷前应清理地面的硬物,并用耐磨牛津布铺在地上形成保护层。

**(三)帐篷使用注意事项**

①帐篷作为公共装备,在野外实习出发前一定要了解团队的规模大小及帐篷类型、帐篷数量等基本信息。

②所携带的帐篷是否配件齐全,包括地钉、防风绳等。由于野外天气变化多端,尤其当起风、下雨的时候,必须使用地钉来固定。

③要根据季节选择帐篷。三季帐比较常见,使用最多,应对平日的刮风、下雨天气都没有问题,但强度有限,如果遇上大雪,很容易被压垮。四季帐在全年任何时候都可以放心使用,它的帐杆很结实,可以经得住大雪的考验。

④每顶帐篷都有说明书,在野外实习外前一定要熟悉帐篷的使用方法,这样即使遇到天气变坏等恶劣情况都可以从容应对。

⑤尽可能使用地席垫在帐篷下,一是为了防潮,二是可以保护帐篷,尤其地面不是很平整,有碎石或是树根、杂草时。

⑥由于帐篷的面料基本都是易燃的，所以尽量不要在帐篷内做饭、抽烟，容易引起火灾，更重要的是，燃烧释放的一氧化碳在帐篷这样的封闭空间内极易引起人的窒息甚至死亡。

## 二、炊具

炊具是野外实习中饮食的重要工具，在野外如何吃得好也是我们不能忽略的一个问题，有了足够的营养和能量补充，才有充沛的体能去完成实习工作。现在野外炊具具有质量轻、体积小、便于携带、使用方便、快捷、安全的特点，而且还利于环保。炊具主要由炉具、套锅餐具和挡风板等组成。

### (一)炉具

野外使用的炉具按照燃料的不同分为三类：汽炉、油炉和酒精炉。

1. 汽炉

汽炉是所有各式各样的炉具之中，最常用、最方便，也是最容易操作的炉具，使用维修也较简单(图3-14)。气炉的主要燃料是液态石油气(甲烷、乙烷、丙烷等)，以气罐形式储存。气罐内燃料的燃烧时间根据气炉功率、燃烧情况以及使用的环境而定，一般约为 2 h。

使用瓦斯罐的汽炉的优点是容易通过控制火的大小调节温度，开关都很方便，而且整体重量较油炉要轻不少；但其缺点是无法看到剩余的燃料，无论运输还是携带都要密封存放，以免漏气。丁烷气罐适合在常温环境及低海拔地区使用，在寒冷的环境及高海拔地区，丁烷的燃烧功效会有很大衰减。

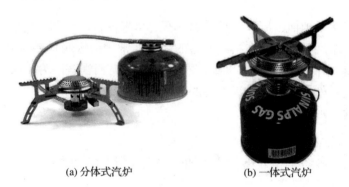

(a) 分体式汽炉　　　　　　(b) 一体式汽炉

图 3-14　汽炉

2. 汽油炉

汽油炉的燃料为汽油，无铅汽油等，此类炉具的燃烧能力高于汽炉(图3-15)。使用汽油炉时通常先将空气打入燃料瓶，增加瓶内压力，然后才能点火，故使用起来较汽炉复杂。另外，汽油对燃油品质要求较高，外出使用时携带备用油也给安全带来一定的隐患，使用受到一定的限制，但在高海拔地区实习时，应首先考虑汽油炉。

图 3-15　汽油炉

3. 固体燃料炉

固体燃料炉的燃料通常是固体酒精或木头等可燃性固体，通常称其为酒精炉。这类炉具的优点是炉具和燃料价格都便宜，无需维修，危险性低；缺点是体积大，燃烧效率低，不适合用于长时间的烹饪，且夏季（或温度较高时）携带固体酒精应防止融化。

**（二）套锅餐具**

野外的饮食习惯和食物决定了带什么样的餐具，如果是个人使用，简单一些即可，如一个带盖子的小锅，配上一个水杯，一个勺子基本就可以满足需要了。但要是团队用餐，餐具和套锅的选择就很重要了。

图 3-16　套锅

套锅为铝制、不锈钢制或钛合金制，不同材质各有特点（图3-16）。铝锅很轻，导热快，烧水做饭效率都很高，但容易变形，容易把饭烧糊，清洗起来不太方便。不锈钢锅很容易清洗，不会划伤，耐用性强，烹调时也不粘锅，但重量大，而且导热慢，在野外寒冷的环境下使用效率较低。钛合金材料的锅不易损坏和产生刮痕，加热时不会破坏食物，并且容易清洗、重量小。

餐具的选择也应根据用餐人数决定。通常有盘子、碗、刀叉、勺子、筷子，一般的套锅中都会配盘子、小碗、铲子和汤勺，但个人用的勺子、筷子就需要自己去准备了。

**（三）挡风板**

为了使炉子燃料的燃烧更为充分、热效率更高，一般在野外使用炉具时都会使用挡风板将炉子围住，以减少热量的损耗。挡风板有两种：一种是折叠式的铝板（图3-17），可以将整套炊具围住；另一种是铝模式的，即只将炉头底部及支架围住，在挡风的同时增加炉具的热效应。前者重量较重（后者重量仅为前者的1/3），但挡风范围较大，且适用于尺寸较大的炊具。

图 3-17　挡风板

**（四）野外炊具使用注意事项**

①点燃炉子之前确保熟知它的操作流程。

②点燃炉子之前确保它里面有足够的燃料。

③使用炉子的时候，确保开关旋钮的一侧靠近自己，以免中途调节开关时灼伤手和面部。

④气罐为一次性使用，不得反复灌装使用。

⑤有条件的情况下尽可能使用挡风板，可以大大提高燃烧效率。

⑥永远都不要在帐篷内等一些通风性差的地方使用炉具，因为燃烧会释放一氧化碳，通风不好会导致窒息或者死亡。

⑦燃料始终要小心存放和运输，要和炉头、餐具、食物等分开放，否则极易造成污染。

⑧使用完的气罐，要把它弄破后释放掉残气，操作时应远离火源和高温地带。

⑨在野外，用餐后的餐具用热水泡一下后用纸擦拭干净即可，不要使用洗涤剂，以免污染环境。返回后再把锅刷洗干净、晾干以备下次使用。

### 三、通信器材

保持人员之间在野外的联络十分重要，无论是保持队伍行进的一致，还是紧急情况下的救援等，都需要良好的通信器材。在大多数情况下，手机在野外可以作为有效的通信工具，但有时也不能发挥作用，如在无信号的区域。而在野外，人的叫喊声和哨子的声音有效范围都很小，不能满足野外实习的需要。为了更好地完成野外实习计划，保证实习参与者的人身安全，携带有效的通信工具十分必要。

野外常用的通信器材是对讲机（图3-18），户外用的对讲机发射功率应达2~5W，工作频率在144~430MHz，并具有防水、防震功能，以及质量轻、便于携带的特点。对讲机便于操作，可在规定的频道范围内人工选取一个频道进行单对单通信或小组对讲通信。

对讲机使用技巧及注意事项如下：

①应根据野外实习团队的人数来配备相应数量的对讲机，一般10个人左右，配备2~3台。

②在不需要使用对讲机的时候，可以将电池取出，避免因碰撞、挤压造成对讲机自行开机浪费电量。

③带上足够的备用电池，最好选择大容量电池。低温状态下要注意注意电池的保暖。

图3-18 对讲机

④为了节省电量，正常行进过程中可以约好定时开机，如间隔1 h开机一次，但在恶劣危险情况下，应该保证全程开机。

⑤对讲机为单向工作方式，一人讲话的同时，其他机器接听，不能同时通话。

⑥使用时要注意注意语言的简短、扼要，语速均匀，声音短促有力，这样才能保证对方收听清楚。

⑦在保证通话效果的情况下，应尽量使用较小的发射功率以便能维持较长的通话时间。

### 四、定位设备

定位设备是野外实习中的重要装备，其在确定方向、保持行进路线、判断行程等方面发挥着重要的作用。野外实习中常用的定位仪器主要有指南针和GPS（图3-19）。

指南针是利用地球磁场来确定方位的仪器。GPS是Global Positioning System的缩写，意为卫星定位仪。它具有定向、记录行动轨迹、测定海拔、预报天气等多项功能，是非常理想的野外实习安全装备。

第三章　野外实习安全装备

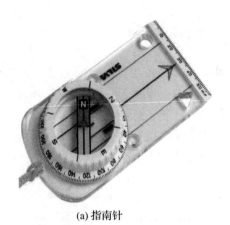 

(a) 指南针　　　　　(b) GPS手持机

图 3-19　定位设备

指南针和 GPS 的使用应注意以下事项：

①指南针在使用时必须水平放置，红色指针指北。

②指南针在携带和使用时不能太靠近手机、磁铁和钢铁等，以免影响指南针的正常使用。

③GPS 最少有 3 个卫星才能定位，所以应尽量在露天、开阔的地方使用，在建筑物、洞体、水中和密林等有阻隔的地域，有可能无法正常使用。

④搜索到的卫星越多，定位精确度就越高。在野外使用精确度比在城市里高。

⑤GPS 的定位有一定的误差，不要盲目按照其指示行走，要观察路线的实际情况。

⑥GPS 在静止的情况下无法指示方向，这个时候可以通过移动来实现指向功能，也可以备一个指南针配合使用。

⑦使用 GPS 不要一直待机，仅在需要用的时候打开可以节省电量。在野外无法充电的情况下，一定要配备足够的电池。

⑧GPS 在搜索卫星的时候比较耗电，所以需要定位的时候应尽量选取制高点和开阔地，以便快速的搜索成功。

## 五、太阳能充电器

由于野外实习携带的电子设备（手机、GPS、相机、摄像机、笔记本电脑等）都需要电源。在条件良好的长期性野外实习营地，通常会配备发电机，但如果是临时营地，发电机就不便携带了。现在大多数临时营地都可以用太阳能充电器（图 3-20）来解决设备用电问题，如果用电设备较多则需要配备太阳能多接口充电器。

图 3-20　太阳能充电器

39

## 第三节 技术装备

技术装备是指在进行野外实习时在发生特殊情况和在复杂地形环境下，为保障人身安全所使用的器具，主要包括登山绳、安全带、铁锁、保护（下降）器、上升器、扁带、头盔等。有了这些技术装备，实习者就可以在岩壁、陡坡、悬崖、大树、深沟等位置完成近距离观察、拍照、采摘等任务。为了确保实习者能够利用这些技术装备安全、高效地开展工作，必须具备三个方面条件：合格的装备（UIAA 或 CE 认证）、规范的操作和丰富的经验。

### 一、登山绳

登山绳是野外实习中必不可少的装备。登山绳由绳皮和内芯组成，绳皮和内芯都是由尼龙纤维制成。在野外实习中，实习者的生命往往就靠登山绳提供保障，因此它被称为野外实习中的生命绳。

**（一）登山绳的种类**

登山绳按用途可分为主绳和辅绳，主绳又分为动力绳和静力绳。

1. 主绳

（1）动力绳

动力绳一般是几种颜色交织在一起的花色绳，主要用于可能会产生冲坠的各种攀登项目（图3-21）。动力绳有较大的延展性，可以吸收滑坠所带来的动能，防止攀登者因此而受伤，一般动力绳的延展性为 7%~8%，绳子直径在 9~12 mm，一般长度为 50~60 m，瞬间拉力可达 3000 kg。在野外实习攀岩项目中一定要用动力绳。

图3-21 动力绳

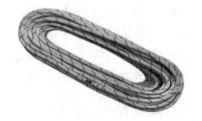
图3-22 静力绳

（2）静力绳

静力绳一般为单色绳，主要用于不会产生较大冲坠的探洞、岩降、做路绳、溯溪等项目（图3-22）。静力绳延展性很小，硬度比动力绳大。绳子直径为 9~12 mm，一般长度为 50~60 m，瞬间拉力可达 3000 kg。其在受到拉力的情况下只有很小的延展性，延展性为 1%~3%，不能通过绳子的伸缩来吸收拉力，所以冲坠时静力绳会给身体带来巨大冲击，易使攀登者受伤，因此，静力绳不能用来作下方保护。

2. 辅绳

直径在 6~8 mm 的动力绳，通常称之为辅绳（图3-23）。辅绳可以用来做野外保护站、绳圈、绳套,以及在其他保护、捆绑中使用。

### (二)登山绳使用注意事项

①尽量避免强烈的紫外线照射,放在强光下暴晒。

②避免接触油脂类、酒精、汽油、油漆、其他有机溶剂和强酸碱性化学物品。

③避免接触水、冰、火、高温物体。

④避免接触尖锐的物体(锋利的岩石、砂砾、冰爪、冰镐尖等)。

图 3-23　辅绳

⑤使用绳包、绳筐或防水布垫在绳子下(尤其在砂石地和冰雪面使用时更为重要)。

⑥不要踩踏,踩踏会改变绳子绞合的形态。

⑦不能踩、拖或当坐垫用,以防岩屑、细沙进入绳子纤维里面而产生缓慢切割。

⑧避免用作他途,如捆扎物品、晾衣服、拖拉重物等。

⑨绳子切忌互相转借使用。

### (三)登山绳保养

①每次使用前进行检查。检查时可用手捋一遍,状态良好的登山绳应粗细均匀,无鼓包,柔软度适中,没有明显变硬或变软的地方,还应检查绳子表皮有无破损。

②解开所有的绳结并散开存放。

③存放于阴凉、干燥、通风处,远离潮湿环境和热源。

④绳子不要经常清洗。如需要清洗,应使用清水冲洗;如果要添加洗涤液,必须使用专业的洗绳液,然后风干。

## 二、安全带

安全带可以为野外实习的攀登者和绳索之间提供一种舒适、安全的固定连接。在攀登者发生冲坠时,安全带可以最大程度吸收这些冲击力,从而对攀登者施以保护。安全带大多为尼龙制品,符合国际标准的安全带可承受的瞬间拉力约在 3000 kg。

### (一)安全带分类

安全带根据使用类型可分为可调式安全带和不可调式安全带。可调式安全带的腰带和腿环大小可根据体型进行调节,令使用者感到舒适、安全,适合不同体形的人群使用。

安全带根据形式还可分为坐式安全带(图 3-24)、胸式安全带、全身式安全带等。在野外实习中大多使用的是坐式安全带,此类安全带结构简单、质量轻、便于携带、使用安全方便,是野外实习使用的首选。

图 3-24　坐式安全带

## (二)安全带使用注意事项

①穿戴时必须分清上下、里外、左右,不得穿颠倒、扭曲。
②根据用途选择合适的尺码,穿好后松紧度以能插入一个手掌为宜。
③安全带须穿在衣服的最外层,操作时不得有任何遮掩。
④安全带穿好后,腰带须系在胯骨上方位置。
⑤腰带和腿带必须反扣回去,反扣后的长度应大于 8 cm。
⑥在进行任何操作前(如攀登、下降等)必须再一次进行检查,检查穿戴是否符合安全规范。
⑦攀登过程中不能解开或调节安全带。
⑧切记,装备挂环最多承重 5 kg,不能用于保护、下降等任何受力操作。

## 三、铁锁

铁锁是野外实习中用途最广、使用最多的装备之一。铁锁的主要用途是连接登山绳与中间支点。在攀登中铁锁可以替代许多复杂而繁琐的绳结。安全带、上升器、下降器等许多攀登装备的组合和使用都要靠铁锁来连接,如登山绳与保护点的连接、攀登者与登山绳的连接等。在野外实习时,铁锁是安全的保障。目前,铁锁大多为合金材料,可以承受的瞬间拉力可达 2000~3000 kg。

### (一)铁锁的分类

①按形状分为:B 形、D 形、X 形、H 形、K 形和 Q 形。
②按锁门形状分为:直门锁、弯门锁和钢丝门锁。
③按锁门构造分为:丝扣锁(图 3-25)、非丝扣锁。
④按材质分为:铝锁、钢锁、铝合金。

图 3-25　丝扣锁

### (二)铁锁使用注意事项

①使用前应检查铁锁的完好情况,是否有龟裂或裂痕,开口的开启、闭合应平顺有弹性。
②丝扣锁的丝扣在使用过程中需要自然拧紧,保证锁在使用中呈纵向受力。
③使用过程中,要经常检查铁锁的位置、锁门,因为许多操作都极易使锁门被蹭开。

④锁身横断面积的磨损如超过 1/4 应进行更换，不再使用。
⑤锁门开口一侧要避免与绳子接触。
⑥使用中妥善佩戴，避免从高空坠落。如从超过 8 m 的高度坠落在坚硬地面或物体上则不能继续使用。
⑦受力后不得与岩石等硬物撞击，要合理选择连接位置。

### 四、下降(保护)器

下降(保护)器是在下降或保护过程中，利用器械与绳索产生摩擦力，使绳子通过摩擦增大或减小磨擦力而达到减速以至停止滑动或实现下降目的一种装备。相同的装备，用作下降时称为下降器，用作保护时称为保护器。此类器械结构简单、质量轻、体积小，是野外实习的必备品。

#### (一)下降(保护)器种类

常用的下降(保护)器有"8"字环、ATC 和 GRIGRI 等。其原理都是通过增大摩擦力来抵消冲击力，实现可以随意控制速度的目的。

1. "8"字环

"8"字环是最常见、最常用的下降保护器(图 3-26)，形如"8"字，结构简单。"8"字环给绳速度快，绳索行走流畅；缺点是绳索扭曲比较严重。另外"8"字环双绳下降时，摩擦力太大，操作不便。

2. ATC

ATC 是目前较为常用的保护器，较"8"字环轻(图 3-27)。使用时，绳索穿过 ATC 的钢索和铁锁从而构成一个保护系统。ATC 的随圈孔设计可以除去绳上的冰雪，尤其适合在冰雪环境中使用。

图 3-26  8 字环

3. GRIGRI

GRIGRI 是带有自锁装置的保护器(图 3-28)，可利用自锁实现绳子的自动锁定。GRIGRI 受到较大的冲力时，内部的齿轮会锁定绳索，下降时只需按住杠杆齿轮就会松开绳索，绳索在 GRIGRI 中的滑动，从而实现了下降和保护。GRIGRI 的最大特点是在下降过程中，操作者可以松开握住绳索的双手来从事其他操作。

图 3-27  ATC

图 3-28  GRIGRI

## (二)下降(保护)器使用注意事项

①使用前应检查下降(保护)器是否磨损严重,是否有裂痕。自锁保护器使用前,可装好后用力拉下绳索检查是否能够锁定。

②使用前应熟练掌握下降(保护)器的安装使用方法,错误的操作是产生危险的主要原因。

③穿绳索的方向要正确,下降速度不要太快,手控制绳索的力度应合适,身体姿态应正确。

④由于下降(保护)器是利用摩擦原理产生制动,在绳索通过一段距离过后,铝合金保护器往往会迅速导热,在操作过程中或操作完毕后不要立即用手触摸,以免烫伤。

⑤在保护与下降过程中,手、头、衣服都不要距离保护器太近,以免手套、头发、衣服等卷进下降(保护)器中。

## 五、上升器

上升器也是野外实习中最常用的技术装备之一,主要用于上升和在攀登过程中提供向上攀登的保护以及制作滑轮系统时固定绳索。上升器内有一个专门的绳索通道,只能让绳索向一个方向移动,当绳索有向另一个方向移动的趋势时,锁齿装置会立即锁止绳索,上升器与绳索、攀登者的安全带共同组成了一个保护系统。此种结构设计使上升器成为通过危险地段或区域自我保护的重要装备。

在野外实习中,攀登者技术水平不够时,可利用上升器攀爬,即使在没有岩壁的地方也可以利用上升器沿绳索垂直上升。由于利用上升器后绳索只能向一个方向移动,因此,它还可以用作拉紧绳索的工具,如搭索过涧时就用它来拉紧绳索,然后使人可以在拉紧的绳索上攀爬。

### (一)上升器种类

按照上升器的用途,可将其大致分为:手柄式上升器、胸式上升器和脚式上升器三种(图3-29)。

手柄式上升器是用途最广、最常见的上升器,在湿滑陡坡、悬崖等危险区域的通过以及登山、攀岩、探洞、攀树、溯溪项目中都需要使用,而且使用方便,单手就能完成操

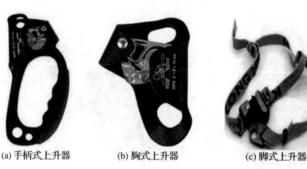

(a) 手柄式上升器　　(b) 胸式上升器　　(c) 脚式上升器

**图 3-29　上升器**

作，适用于各种环境。其他类型的上升器均是手柄式上升器的变种，在使用过程中都需要配合手柄式上升器使用。

### (二) 上升器使用注意事项

① 使用上升器时，应尽量保持推进的方向与绳索的方向一致。在推上升器时，应将绳索拉直。

② 不能将上升器作为保护支点的连接，上升器受到冲击时容易与绳索脱离。

③ 安装好上升器后，应在上升器上端小孔装一把铁锁，防止绳索在受不同方向的力时，从上升器中脱出。

④ 在进行探洞等垂直上升活动时，手柄式上升器可配合扁带、绳索制作的脚踏来减轻体力消耗，保持身体平衡等。

⑤ 上升器对绳子粗细有要求，太粗放不进去，太细起不到保护作用。手柄式上升器通常要求绳子的直径范围为 8~13 mm。

### 六、扁带

扁带是野外实习中用途较为广泛的装备。目前，常用的扁带大多是用尼龙材料制成。其主要作用是用来连接快挂、铁锁和上升器等。在做野外保护站时扁带与保护支点直接接触，可减少绳子的磨损。在其他方面，扁带还可制作成攀爬的辅助工具。扁带具有很高强度的抗拉性与耐磨性，可增强保护系统的安全系数。

### (一) 扁带种类

目前，在野外经常使用的扁带种类有：散状扁带、成型扁带和快挂扁带(图3-30)。

(a) 散状扁带　　(b) 成型扁带　　(c) 快挂扁带

**图 3-30　扁带**

散状扁带成圈出售，使用者可根据需要的长度自行裁剪，打结后使用；成型扁带是厂家用特殊工艺直接将扁带缝合成型，拉力达 22 kN，其长度一般分为 60 cm 和 120 cm 两种，强度大、安全性高；快挂扁带是连接两个铁锁形成快挂的连接用扁带，其长度一般为 10~25 cm。

### (二) 扁带使用注意事项

① 尽量避免强烈紫外线的照射，避免放在强光下暴晒。

②避免接触油脂类、酒精、汽油、油漆、有机溶剂和强酸碱性化学物品。
③避免接触水、冰、火,高温物体。
④避免接触尖锐的物体,如锋利的岩石、砂砾、冰爪、冰镐尖等。
⑤避免用作他用,如捆扎物品、拖拉重物等。
⑥扁带受力后,打结处或缝合处不得与任何外物直接接触,以免因摩擦致使其破损。
⑦扁带使用时最好保持自然下垂的形态,避免互相打结、缠绕等。
⑧如扁带表面出现破裂、纤维断裂、严重起毛等情况时,不得继续使用。

## 七、头盔

头盔是野外实习中的必备装备。在野外环境中进行攀登、下降和溯溪等项目中佩戴头盔,可以防止落石等物体对头部造成伤害;在滑坠时可防止头部撞上树木和岩壁等,避免对头部造成伤害;当自行车骑行翻倒时,可缓冲头部着地带来的冲击,起到保护头部的作用。

### (一)头盔分类

头盔根据制作材料可分为轻质头盔、硬质头盔、混合式头盔等;根据外形可分为全盔和半盔;根据用途分为登山头盔(图3-31)、攀岩头盔、自行车头盔等。使用者可根据不同活动内容进行选择使用。

图3-31 登山头盔

### (二)头盔结构和材质

1. 结构

随着技术的不断革新,头盔在透气性、舒适性、美观性上都有了很大变化。其主体结构主要分为:盔顶、大小调节器、下颚调节带、透气孔、头灯夹。

2. 材质

一个头盔由很多小部件组成,每个部件都由不同材料制作而成。头盔主体的材料是工程塑料,头盔内顶的材料是高弹力海绵,调节带的材料是尼龙细扁带。

### (三)头盔佩戴方法

在较复杂地形上攀登时,当听到从上方掉东西的声音时,不能抬头看上方,这样很容易被掉落的物体砸到脸部,头部应该贴近坡面或岩壁,直到确认已安全为止。头盔需正直地佩戴在头上(图3-32),不得出现头盔前沿仰起或扣下等情况,不然前额或后脑会暴露在外面,出现危险容易受伤。佩戴头盔时需要把下颚的卡扣扣紧,松紧度调节适度,一般以能插入一根手指为宜。每次攀登前都要检查头盔是否完好、佩戴是否正确;休息时切忌将头盔当做"凳子"坐在上面休息。

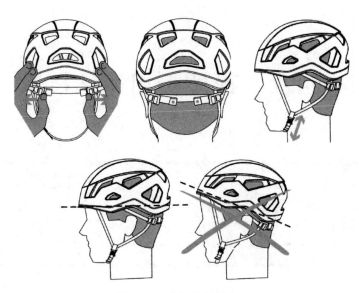

图 3-32　头盔的佩戴方法

**思考题**

1. 简要说明背包的装填方法和使用注意事项。
2. 野外分层着装的方法和要求有哪些？
3. 简要说明帐篷使用的注意事项。
4. 野外实习的技术装备有哪些？各有什么用途？
5. 简要说明安全带的分类和使用注意事项。

# 第四章　野外实用绳结技术

> **导言**：绳索之间、绳索与其他装备、物体之间的连接称为绳结技术。对于从事野外工作者来说，结绳技术是最基本的技能。结绳技术的学习，不在于多，而在于精、在于活，即不需学会太多的绳结，重要的是掌握其基本的操作方法，并能在各种情况下灵活运用。本章主要介绍固定类绳结、连接类绳结、捆绑类绳结、保护类绳结和收绳类绳结的结绳方法。

## 第一节　固定类绳结

固定绳结是将绳索一端直接固定于自然物体（如人体、安全带、岩石、树木等）上面的结绳技术。在野外根据用途的不同，需要用不同的固定绳结来固定，这些固定用的绳结统称为固定类绳结。在野外常用的固定类绳结包括："8"字结、布林结、蝴蝶结、双套结等。

### 一、"8"字结

在野外连接攀登者的绳结通常使用双"8"字结，这种结直接与安全带连接是最安全的。由于该绳结打完后形似阿拉伯数字 8，所以称作"8"字结。这个绳结一旦打错，后果是致命的，所以要求在攀登者离开地面时一定要反复检查，确保万无一失。"8"字结从打法上分为在绳索上直接打的"8"字通过结和连接固定端的"8"编结。

1. "8"字通过结

"8"字通过结用于连接安全带上的铁锁等，如图 4-1 所示。

①先将连接端的绳索的绳头双股反折，将反折的绳头从绳索的后面绕到前面。

②将绕到前面的绳头从刚才做成的环后面穿到前面。

③抽紧绳结，用于连接的环即制成。

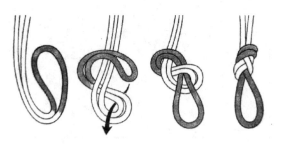

图 4-1　"8"字通过结

2. "8"字编结

"8"字编结用于将绳子结在树上、木桩上等，是野外常用的固定结，如图 4-2 所示。

①先将固定端的绳结一个单"8"字结。

②将活端放至绳索固定物的后面。

③然后绕过固定物,再将活端穿过前面的单"8"字结。

"8"字结的使用应注意以下事项:

①受力绳圈应尽量与安全带连紧。

②绳结连接的部位是安全带的攀登环,而并非保护环或其他部位。

③打好后一定应将各部位调整平整,以保证强度并易于检查。

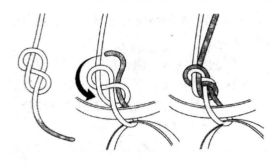

图 4-2 "8"字编结

④打好后一定应将绳结收紧,松垮的外形是不安全的。

⑤绳尾打好末端防脱处理后,还要留 10 cm 左右的绳索,但也不能过长影响操作。

⑥操作前一定要再次检查确认无误。

## 二、布林结

布林结在野外是一种非常有用的绳结。在承受拉力时,既不变紧也不滑动,主要实用于绳环固定。不穿安全带时,如果需要把绳子系在腰间,就可以采用布林结,因为它打法简单,容易调节。布林结即使在承受过反复冲击之后仍然很容易解开,所以同样适用于可能反复发生冲坠的场合。布林结的打法如图 4-3 所示。

①在离绳端一定距离处弯曲成一个小环。

②将活端向上穿过此环,从绳索固定部分后部绕过,然后向下穿过此环。

③拉紧活端使其变紧,使结固定并打个单结。

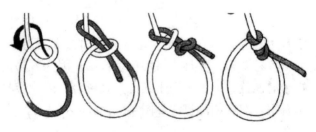

图 4-3 布林结

布林结的使用应注意以下事项:

①受力绳圈应尽量与安全带、树木等固定物连紧。

②绳结连接的部位是安全带的攀登环,而并非保护环或其他部位。

③打好后一定要将各部位调整平整,以保证强度并易于检查。

④打好后一定要将绳结收紧,松垮的外形是不安全的。

⑤绳尾打好末端防脱处理后,还要留 10 cm 左右的绳索,但也不能过长影响操作。

⑥操作前一定要再次检查确认无误。

## 三、蝴蝶结

蝴蝶结是一种非常有用的绳结,在修路做路绳和多人结组行进中尤为常用。它的优点在于形状完全对称且强度很大，无论哪一边受力都不会导致绳结变形。蝴蝶结的打法如图 4-4 所示。

①提起绳子拧一圈，打出两个绳圈。
②将下方绳圈向上拉到后面穿过上方绳圈。
③同时拉动绳结两侧绳子把绳结拉紧。

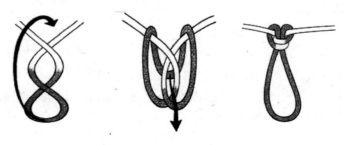

图 4-4　蝴蝶结

蝴蝶结的主要用途包括：
①在高海拔结组登山中连接中间的攀登者。
②高空作业人员可用其做成脚踏环。
③在野外需要拉路绳做临时保护时，此绳结可以作为抓手。
④如出现绳索破损，也可用此绳结将破损部位隔离开。

## 四、双套结

双套结是一种非常有用的绳结，在各种攀登方式中都经常使用。它的特点是结构对称，两股绳索都能受力，容易调整，并且容易用单手打结。因为容易调整，所以双套结主要用于绳索与保护点铁锁的连接，但也可用于其他多种场合。因为容易单手操作，所以在陡峭地形上攀登时非常有用。双套结的打法如图 4-5 所示。

①打出两个并列的绳圈。
②将左侧绳圈拉到另一个绳圈后头。
③用主锁扣住两个绳圈。
④拉动两端绳索，将绳结收紧。

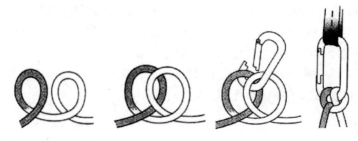

图 4-5　双套结

双套结的主要用途包括：
①扣进铁锁可以做临时保护点。
②在多段攀登或设置、拆除保护系统时做自我保护用。
③捆绑物体和制作绳索担架时比较常用。
④泊船时常用此绳结与码头上的固定点连接。

## 第二节　连接类绳结

连接绳结是在绳索长度不够的情况下，将两根或几根短绳结成长绳时使用的绳结，根据所连接绳索的直径相同与否，连接时所采用的打结方法有所不同，这些连接用的绳结统称为连接类绳结。在野外常用的连接类绳结包括：平结、水结、双渔人结、交织结等。

### 一、平结

平结主要用于直径相同的两根绳索之间的连接，如捆绑绳索等。该结打结方便、快捷，解开容易。打完结后绳头末端不能太短，不能少于 5 cm。打法如图 4-6 所示。
①将右边一根绳放在左边的绳子上面。
②向下环绕。
③然后将左边绳端放在右边绳端上。
④再向下环绕，同时拉紧两根绳索，将平结系紧或者仅从活端用力，也能确保系紧。

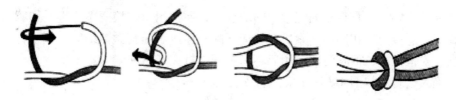

**图 4-6　平结**

平结的使用应注意以下事项：
①打的方向要正确，两个绳尾下面的是左边压右边，上面就反过来是右边压左边，反之亦然。
②此绳结只可用于临时连接绳头，决不能用以攀登，如果连接绳头用以攀登等操作，应使用"8"字结、布林结、双渔人结等代替。
③正确的平结两个绳套将会呈相互联结状，每个绳套由绳头与绳身平行组成，一旦打错，将很容易松脱，也会变成我们常见的死结。
④绳索粗细、材质不一样时不能用平结连接，绳索太滑或太硬也是不能用平结连接，这些因素都会导致松脱。

### 二、水结

水结又称作带结，主要用于两条宽度和质地相同的扁带连接成绳套，如将散扁带连接成绳套等。该结打结方便快捷、容易检查,打好的绳结安全性高,但长时间使用后不易解开。打完结后扁带末端不应太短,不应少于 5 cm。水结打法如图 4-7 所示。

①用一根扁带活端制作一个反手结,不要拉紧。
②将另一根扁带的活端沿反手结的运动轨迹的相反方向穿越此结。
③活端应该恰好在结内,这样拉紧时活端就不会滑落。

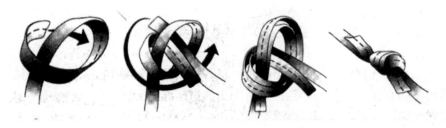

图 4-7 水结

水结的使用应注意以下事项:
①每次使用前一定要仔细检查水结是否有松脱现象。
②每当打完水结,最好用身体挂在上面以把绳结拉紧。
③如有条件可将绳尾用胶布缠上。
④打结前先将扁带理顺,否则打完后绳套容易扭曲拧劲。

## 三、双渔人结

双渔人结主要用于直径相同绳索之间的连接,通常用于连接两条主绳,如利用双渔人结可做绳套、连接直径相同的绳索后做双绳下降、连接小绳套做抓结等。该结打好后强度大、结实,安全性高,但长时间使用后不易解开。打完结后绳索末端不能太短,不能少于 5 cm。双渔人结打法如图 4-8 所示。

①两绳端各自绕过另一绳两圈,然后打个单结。
②拉紧绳结。

图 4-8 双渔人结

双渔人结的使用应注意以下事项:
①绳结打的方向要正确。
②要使用直径相近的绳索连接。
③绳尾一定要留足够长(如果是抓结应至少留 5 cm,如果是主绳则至少应留 10 cm)。
④如使用该绳结连接主绳做下降,一定要记清哪边是绳结端,以便抽绳时不会搞反。

## 四、交织结

交织结结实耐用,对潮湿的绳索效果更佳,特别是在两根绳索的直径相差悬殊时。若两根绳索都很粗,使用交织结连接也十分结实。在受到不稳定拉力的情况下,交织结也不会滑落。交织结打法如图4-9所示。

①将粗一点的绳索弯曲成环状,将细绳的活端穿过此环,先移到粗绳活端的下面,再从前面开始环绕此环一周,然后从后面将细绳活端穿过细绳与粗绳活端之间。

②将细绳活端再次环绕一周,再穿过相同地方(细绳与活端之间)。

③拉紧,此结完成。如果未拉紧,此结受力时容易松动,制作此结不宜使用光滑的绳索。

图4-9 交织结

交织结的使用应注意以下事项:
①绳结缠绕的方向要正确。
②要用细绳去缠绕粗绳。
③绳尾一定要留足够长(如果是抓结应至少留5 cm,如果是主绳则至少应留10 cm)。

## 第三节 捆绑类绳结

捆绑绳结是利用绳索捆绑两根或几根木材时使用的绳结。根据木材的形状、捆绑时的形状和用途等不同,捆绑时所采用的打结方法也有所不同,这些捆绑用的绳结统称为捆绑类绳结。在野外常用的捆绑类绳结包括:方形捆绑、圆形捆绑、对角线捆绑、剪式捆绑等。

### 一、方形捆绑

当待捆绑的物体成直角时,可采用方形捆绑,捆绑方法如图4-10所示。

①先打一个圆材结,然后将绳索在两根横木上下轮流绕横木一周,再沿逆时针方向将绳索上下围绕横木。

②绕3~4圈后,转变方向到另一根横木上按相反方向缠绕。

③在一根横木上打个半结,完成缠绕,然后在另一根横木上用一个丁香结将绳索

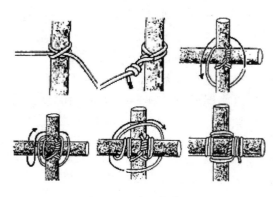

图4-10 方形捆绑

固定。

## 二、圆形捆绑

用来增加横木的长度或将横木叠放在一起时，可采用圆形捆绑，如图4-11所示。

①绳索在两根横木上打一个丁香结，然后绕着横木将结系紧。

②在横木的另一端再打一个丁香结，捆绑好后，在绳下加一个楔子，使其绷紧。

## 三、对角线捆绑

当待捆绑的两物体不是垂直相交时，可采用对

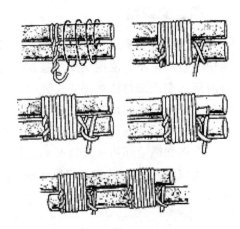

图 4-11 圆形捆绑

角线捆绑，捆绑方法如图 4-12 所示。

①绕着两根横木，首先打一倾斜的圆材结。

②将圆材结遮住，束紧，在靠下面的横木后面将绳索转个方向。

③按另一个倾斜方向缠绕束紧，再将绳索转个方向，按正方形缠绕四周。

④在一根横木上用一个丁香结结束捆绑。

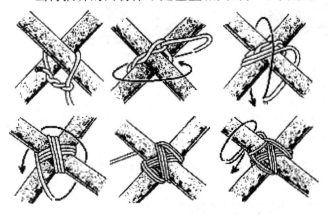

图 4-12 对角线捆绑

## 四、剪式捆绑

当捆绑两根平行圆木的末端，制成"A"字形的框架时，可采用剪式捆绑，捆绑方法如图 4-13 所示。

①在一个圆木上打一个丁香结。

②用绳索缠绕两根圆木。

③将绳转向，在两圆木之间缠绕绳索两圈，再索紧。

④最后在另一圆木上打一个丁香结，将圆木拉成剪刀形。

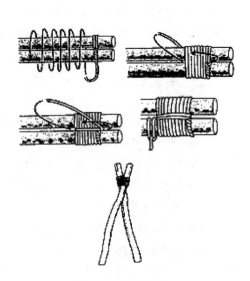

图 4-13 剪式捆绑

## 第四节  保护类绳结

保护绳结是使绳索之间、绳索与铁锁之间能够产生摩擦和滑动的结绳方法。这些保护用的绳结统称为保护类绳结。在野外常用的保护类绳结包括：意大利半扣结、防脱结、抓结绳套、抓结等。

### 一、意大利半扣结

意大利半扣结通常用于沿主绳快速下降时用以控制速度。意大利半扣结可代替保护器用于保护或下降，也可以用于锁定制动端，用做救援系统的副保护，意大利半扣结打法如图 4-14 所示。

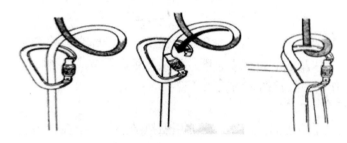

**图 4-14　意大利半扣结**

### 二、防脱结

防脱结是用于避免某些绳结意外松脱而打的单结或半个双渔人结。通常情况下，防脱结应贴近主要绳结的结目，余出的绳尾不应短于 5 cm，防脱结打法如图 4-15 所示。

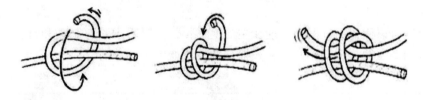

**图 4-15　防脱结**

### 三、抓结绳套

任何能够用来打抓结的绳套或扁带套都可以称为抓结绳套。许多攀登者习惯随身携带两条抓结绳套，无论在沿绳上升、下降，还是救援操作中都能派上用场。绳套的长度取决于个人的喜好，通常在 40 cm 左右为佳；绳套的直径也很重要，最常见的是直径 6 mm 辅绳。更细的辅绳可能使抓结在受力收紧后难以解开，更粗的辅绳则不容易抓住较细的主绳。抓结绳套的打法如图 4-16 所示。

图 4-16 抓结绳套

## 四、抓结

抓结是实习者在野外行进中进行自我保护时所用的绳结。抓结通常是在渡河、沿主绳垂直下山时使用。当实习者在危险地带沿主绳前进时，如滑倒或摔倒，抓结可使操作者立刻固定在主绳上，实现安全目的；如不需要它固定时，还可用手轻轻地推着它前进，此时较省力。

打抓结缠绕圈数取决于绳子的直径和表面性质，以及绳套或扁带套的材质和直径。如果圈数过少则难以产生足够的摩擦力，圈数过多则难以调节。通常在较新的 10.2 mm 主绳上用 6 mm 辅绳制作的绳套打抓结时，圈数应在 3~5 圈。

1. 普鲁士抓结

普鲁士抓结是最早出现的抓结，也是通用型抓结。普鲁士抓结不仅可以实现自我保护和沿绳上升，其最大的优点是可以在紧急情况下单手打出。普鲁士抓结的牢固性非常好，可以实现双向制动，但缺点是受力之后不好解开，调整不灵活。打法如图 4-17 所示。

2. 法式抓结

法式抓结可以在主绳上面紧急制动来实现自我保护。当它突然受力时，会紧紧地抓住主绳，来实现制动。法式抓结在受力后，并不很牢固，因而一般用于辅助保护，但它的优点是调整起来比较灵活。法式抓结的打法如图 4-18 所示。

3. 克式抓结

克式抓结可以代替上升器来实现在主绳上攀爬，主要用于紧急制动和自我保护。克式抓结是单向制动绳结，牢固性好。克式抓结的打法如图 4-19 所示。

图 4-17 普鲁士抓结　　图 4-18 法式抓结　　4-19 克式抓结

4. 巴克曼抓结

巴克曼抓结操作顺畅，可代替上升器进行沿主绳做长距离的上升，因为该绳结配合一把主锁打出，所以使用时容易滑动，必要时需要加一个副保护。巴克曼抓结的优点是灵活性好，但如果操作者对该绳结不太熟悉，则需谨慎使用；该绳结的缺点是牢固性较弱。巴克曼抓结的打法如图 4-20 所示。

图 4-20　巴克曼抓结

## 第五节　收绳类绳结

收绳类绳结是绳索用过之后按一定规律和方法进行收拢和固定好最后绳头，以便下次使用的结绳方法。在野外常用的收绳类绳结包括：短绳收绳结、长绳盘绳结、背绳盘绳结等。

### 一、短绳收绳结

短绳收绳结主要用于结绳练习绳的收绳。在日常教学中，结绳练习绳大多采用直径为 6 mm，长度约为 2 m 的辅绳。在每次结绳练习结束之后，为了便于携带和练习绳的统一管理，往往采用蜡烛式收绳（图 4-21）或辫子式收绳（图 4-22）。

图 4-21　蜡烛式收绳

### 二、长绳盘绳结

长绳盘绳结主要用于每次活动前或活动之后，为了便于携带或存放绳子，通常会把长主绳盘起来。长绳盘绳结的打法如图 4-23 所示。

①从绳子的一端开始捋绳直至绳尾，在一头留出 50 cm 用于最后的收尾结。
②每次收同样长度的绳子，并且每股保持独立分开，不能收成绳圈状。
③收好后在绳子的正中间打收尾结，将最初留的绳头往回绕形成一个绳圈，用剩余的

图 4-22　辫子式收绳

绳头往绳圈的方向绕5圈以上后从绳圈内穿出。

④将两个绳头都抽紧后分别打上单结防脱。

图 4-23　长绳盘绳结

### 三、背绳盘绳结

在野外攀登时，有时需要走很远的路才到达，有的路线需要时走时爬，因此，每次都按照普通盘绳方法就显得不太便利，这时我们通常采取背绳的盘法。背绳盘绳结的打法如图 4-24 所示。

①从绳子的一端开始捋绳直至绳尾，将绳子的两个绳头同时抓在手中并留出3臂长的绳长放在地上用以收尾结。

②拿起双股绳子用普通盘绳法将其均匀地盘在手的两侧，将预留的绳头拿起缠绕在整个绳子上3圈以上。

③将绳子从中间穿出形成一个绳环后，将绳头从中穿过拉紧。

④将绳子背于身后双手分别提起两个绳头交叉于胸前后绕过腰部及整捆绳子。

⑤将剩余的绳头在腰前打一个平结收尾结束。

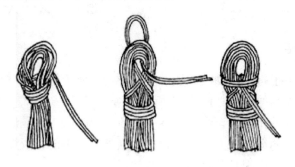

图 4-24　背绳盘绳结

**思考题**

1. 固定类绳结有哪些？试说明其主要用途。
2. 连接类绳结有哪些？试说明其主要用途。
3. 简述对角线捆绑的操作流程和方法。
4. 抓结有哪几种形式？试比较各种抓结的优缺点。
5. 简述背绳盘绳结的具体打法和要求。

# 第五章　野外识图与方向判定

**导言：** 野外识图和方向判定是野外工作者必备的技能。我在哪里？要去哪里？如何到那里？地图、指南针和野外自然环境中地物、地貌以及自然现象等都是你的工具，应灵活运用以上信息，掌握野外识图和方向判定技能。本章共分三节，分别是地形图基本知识、野外识图和野外方向判定。

## 第一节　地形图基本知识

地形图是用以表示地球表面的事物和现象分布状况的平面图形，是一种按一定比例尺表示地貌、地物平面位置和高程的正射投影平面图形。

所谓地貌，即地球表面高低起伏的各种形态，如山地、谷地、平地等。所谓地物，即分布在地球表面上自然形成和人工建造的固定物体，如江河、湖泊、居民点、道路、水利工程建筑等。所谓地形，即地貌和地物的统称。地形图由以下内容组成：地图比例尺、地貌符号和地物符号。

### 一、地图比例尺

比例尺也称缩尺，用以表示图纸上的长度跟其相应的实际长度之比。地图上某两点之间的距离与相应两实地的水平距离之比，称为地图比例尺。即：

$$地图比例尺 = 图上距离/实地距离$$

地图的长度单位一般为厘米(cm)。例如，某幅地图上两点间距离为 1 cm，若相当于实地距离10 000 cm，则此幅地图比例尺为1:10 000 或 1/10 000。

**(一)地图比例尺的特点及其表示形式**

野外实习者应根据使用地图的目的、要求，选择合适的地图比例尺。一般是以地图比例尺大小来衡量地图的详细程度。

1. 地图比例尺特点

图幅面积相等的地图，比例尺越大，其图幅所包括的实地面积就越小，地图上所显示的实地地形内容就越详细；比例尺越小，其图幅所包括实地面积就越大，地图上所显示的实地的地形内容越简略。例如，同样图幅面积的两幅地图，若将地图比例尺为1:10 000 的地图与地图比例尺为1:100 000 的地图进行比较，则地图比例尺1:10 000 大于地图比例尺为1∶100 000。在比例尺为1∶10 000的地图上，1 cm²相当于实地10 000 m²；而在比例尺为1∶100 000的地图上，1 cm²相当于实地100 000 m²。显然，地图上相同面积所对应的实地面积小的地图所显示的实地的地形内容较详细。所以，地图比例尺为1∶10 000的地图要比地图比例尺为1∶100 000的地图所显示的实地地形内容更详细。

2. 地图比例尺表示形式

地图比例尺通常有3种表示形式。

（1）线段式

在地图上以厘米单位线段表示。例如，地图上1 cm代表实地100 m，则在1 cm线段上注明1 cm等于实地100 m（图5-1）。

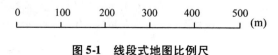

图5-1　线段式地图比例尺

（2）数字式

在地图上以数字比例式表示。例如，地图上1 cm代表实地100 m，则在地图上写成1∶10 000或1/10 000。

（3）文字式

在地图上以文字直接表示。例如，地图上1 cm代表实地100 m，则写成：图上1 cm，等于实地100 m（图5-2）。

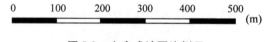

图5-2　文字式地图比例尺

## （二）地图上估量实地距离

根据地图上两点之间的长度和该地图比例尺，可以估量相应两实地之间的水平距离。估量两实地之间的距离，首先要估量或测量地图上相应两点间的距离，然后根据地图比例尺，利用公式计算出两实地之间的水平距离。计算公式如下：

$$实地水平距离 = 图上长度 / 比例尺$$

例如，在地图上测量出两点的长度为2 cm，若地图比例尺为1∶10 000，代入公式进行计算：

$$实地水平距离 = 2\ cm / (1/10\ 000)$$
$$= 20\ 000\ cm$$
$$= 200\ m$$

结果表明当地图上两点的长度为2 cm时，两实地的水平距离为200 m。

在实际估量中，若实地地形起伏较小，在地图上量算出的实地水平距离，就较接近实地距离；若实地地形起伏较大，则在地图上量算出的实地水平距离，必须结合起伏程度进行修正。这样根据地形的起伏程度估量出的实地距离，就较接近实地的路程距离。

## 二、地貌符号

地貌符号是地图上用以表示地球表面高低起伏自然状态的曲线和记号。常见的地貌符号包括：等高曲线、示坡线、特殊地貌符号、高程注记、各种颜色记号等。

### (一)等高曲线及其辅助符号

地形图采用等高曲线法显示地貌。用等高曲线表示地貌的起伏形态，是一种比较准确表示的方法。等高曲线的做法是：首先测量出地面上各个地点的海拔，并把它们标注在地图上，然后把海拔高度相同的各点连接起来。这个相同海拔高度的连接曲线即称为等高曲线，简称等高线。

1. 等高曲线法表示地貌的原理

等高线是地面上高程相等的点所连成的闭合曲线。按"平截法"说，假设把一座山，从底到顶，按相同的高度，用一层一层的水平面横截该山，则山的表面与水平面有一交线，再将这些交线垂直投影到地平面上，呈现出一圈套一圈的曲线图形。因为每条线上各点的高度恒等，所以将这些曲线称作等高线。另一种"淹迹法"说，即假设淹没小山的海水按一定间隔的高度间隙地退落，在每次间隙期内海浪击蚀山体都留下一圈闭合的水涯线痕迹，水迹线上各点的高程相等，此线即为实地可见的等高线。这一层层闭合的水迹线正射投影到海水平面上，所得到的一组闭合曲线即为图面上的等高线(图5-3)。

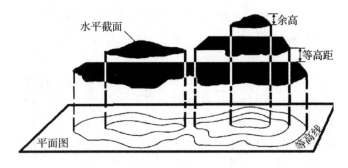

图5-3　等高曲线的形成原理

2. 等高距及其特点

等高距即相邻的两条等高线间的垂直距离即假设的水平截面之间的间隔距离(图5-4)。等高距具有以下特点：

①等高距是以相邻的两等高线间的实际垂直距离表示的，单位为m。

②等高距的大小决定地貌表示的详细程度。在同一地域中，等高距大，则等高线条少，表示的地貌形态就较简略；等高距小，则等高线条多，表示的地貌形态就较详细。

③等高距的大小要受到地图比例尺的制约。若地图比例尺小，等高距的取值也小，就会给制图带来困难。地图比例尺大，等高距的取值较大，就会增大地图的画幅。所以，一般来说，地图比例尺小，则等高距的取值就较大；地图比例尺大，则等高距的取值就较小。

我国现有的地形图，采用的比例尺一般为1∶10 000，其等高距取值为2.5 m。

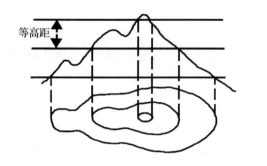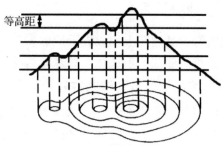

图 5-4 等高距

3. 等高线种类及其作用

等高线按其作用可分为：基本等高线、加粗等高线、半距等高线、辅助等高线(图 5-5)。

(1) 基本等高线

基本等高线又称首曲线，是按规定的等高距由平均海水面起算而测绘的实线，线粗 0.1 mm，用以显示地貌的基本形态。如在 1∶50 000 图上的首曲线，依次为 10 m、20 m、30 m……

(2) 加粗等高线

加粗等高线又称计曲线，规定从高程起算面起，每隔 4 条首曲线(即 5 倍等高距的首曲线)加粗的一条粗实线，线粗 0.2 mm，用以数计图上等高线和判读高程。如在 1∶5 万图上的计曲线，依次为 50 m、100 m、150 m……

(3) 半距等高线

半距等高线又称间曲线，是按 1/2 等高距描绘的细长虚线，线粗 0.1 mm，用以显示首曲线不能显示的局部地貌，山顶、阶坡或鞍部等。

(4) 辅助等高线

辅助等高线又称助曲线，是按 1/4 等高距描绘的细短虚线，线粗 0.1 mm，用以显示间曲线仍不能显示的局部地貌。

间曲线和助曲线共用于局部地区，显示局部地貌，所以它不像首曲线那样一定要每条闭合。除表示山顶和凹地的曲线要闭合外，表示鞍部时，一般只对称描绘，终止于适当的位置；表示斜面时，一般终止于山或山谷两侧适当的位置。

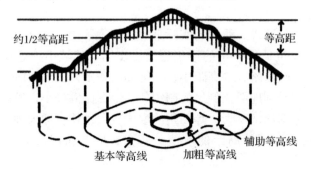

图 5-5 等高线种类

### 4. 等高线显示地貌的特点

①地图上的每条等高线都是实地等高线的水平投影,它既描绘出地貌的水平轮廓,也表示出地貌的起伏。

②在同一条等高线上的任何点的高度都相等,是条闭合的曲线。

③在同一地图上,等高线多,山高;等高线少,山低;等高线稀,坡缓;等高线密,坡陡。

④图上等高线的弯曲形状与相应实地地貌相似。

### 5. 示坡线

示坡线是指顺着下坡方向绘制并与等高线垂直相交的小短线,如图 5-6 所示。它通常绘在等高线最有特征的弯曲上,如山顶、鞍部或凹地底部。示坡线可以指示山的起伏方向,即哪里是上坡,哪里是下坡。一般顺着示坡线的方向为下坡,逆着示坡线的方向为上坡。

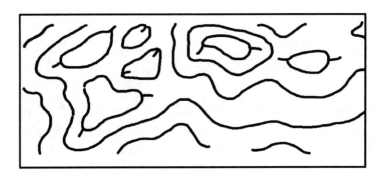

**图 5-6　示坡线**

## (二)山的形态

### 1. 山顶

地面形成高耸的部分称为山,山的最高部分称为山顶。在地图上以等高线形成的小环圈表示山顶,有时在小环圈外侧绘制有示坡线表示凸出的山顶。若在显示山顶的小环圈内侧绘制有示坡线,则表示如火山口似的凹形山顶。山顶按其外表形态可分为尖顶、圆顶、凹地、平顶等(图 5-7)。

尖顶:表示山头的小环圈小,小环圈外围的等高线较密。这种山头一般山体高峻、坡面陡峭,山质结构多为石质。

圆顶:表示山头的环圈较圆,环圈外围等高线间隔排列较均匀。这种山头圆浑,山体低矮,坡面平缓,多为等齐坡面,山质结构多为土质。丘陵地域多为这类山体。

凹地:表示山顶的环圈内有示坡线。这种山顶为凹形,多为火山喷发或地震形成。

平顶:表示山头的环圈较大,环圈外侧近处等高线较密,环圈外侧远处等高线较疏,且等高线的密疏转折明显。这种山顶犹如高耸的平台,多为大自然风化的结果,山质结构也多为土质。平山顶多处于土质高原地域。

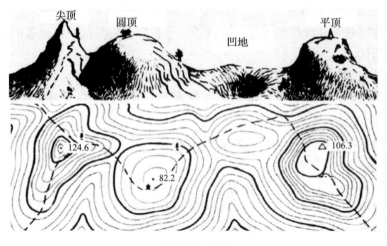

图 5-7 山顶

### 2. 山背

从山顶到山脚的凸出部位称为山背，亦称山梁。在地图上以成组的等高线向外凸出的曲线表示山背，这些成组等高线凸出部位顶点的连线即为分水线（图 5-8）。

### 3. 山谷

相邻两山背之间低凹狭窄的地方称为山谷。在地图上用等高线表示山谷时，以等高线所围成的闭合曲线的凹入部分表示；成组等高线向内凹入部位顶点的连线称为合水线（图 5-8）。

### 4. 鞍部

相邻两山之间的地形如马鞍状的部分称为鞍部。在地图上用一对表示山背的等高线和一对表示山谷的等高线组合来显示鞍部（图 5-8）。

### 5. 山脊

山头、山背、鞍部凸出的高处连绵相连，如同兽脊凸起的部分称为山脊。在地图上连接山头、山背、鞍部凸出高处的曲线称为山脊线（图 5-9）。

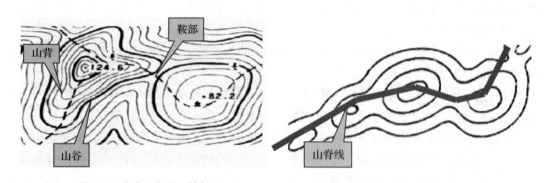

图 5-8　山背、山谷、鞍部　　　　　图 5-9　山脊

### (三)特殊地貌符号

地貌形态千姿百态，许多特殊的地貌形态无法用等高曲线表示，只能用一些特殊的地貌符号来表示。如冲沟、滑坡、陡崖、堤坝、岩峰、山洞等，这些地貌形态只能用形象的特殊地貌符号表示。

较大面积的特殊地貌则以其外轮廓按比例尺绘制，在地图上测量其轮廓，可判断大小、陡缓等。这类地貌如滑坡等。

线状特殊地貌则以其长度按比例尺绘制，用线状图形符号表示。在地图上测量其线长，可判断其长度。这类地貌如陡崖、堤坝、冲沟等。

较小的地貌则以表意形象符号表示。这些以表意形象符号表示的地貌起着定位点的作用，其定位点处于形象符号的中心位置。这类地貌如岩峰、山洞等。

### (四)用颜色显示地貌、用形象符号显示地貌、用高程注记显示地貌

1. 用颜色显示地貌

是指一般常见的彩色地图以颜色显示地形的高低起伏。这种方法也是以等高线为基础，在不同的等高线间，着上褐色、黄色、绿色等不同颜色表示地面的起伏。这种分层设色，一般还附有分色高度表，以供查看。

2. 用形象符号显示地貌

是指以各种形象符号显示地貌，如山形符号表示山地分布或山的走向等。这种方法一般与其他表示地貌的方法配合使用。

3. 高程注记显示地貌

高程亦称海拔高度(简称海拔)，它是表示地面上某点对于基准海平面的垂直距离。其注记即为高程注记。我国采用的高程基准海平面是根据青岛验潮站1952年至1979年验潮的资料统计推算确定的。1985年经国务院批准，把计算的青岛国家水准原点高程值，作为全国统一的高程基准。所以，这个高程基准亦称为1985年国家高程基准。

在地图上采用高程注记一般有两种形式：等高线上的高程注记和某点的高程注记。等高线上的高程注记其数字朝向上坡方向；某点的高程注记其数字朝向上方，即地图北方。它们的单位为m(实际单位)。高程注记一般与等高线、颜色符号或形象符号配合使用。

## 三、地物符号

地物符号即代表地表面上自然形成和人工建造的固定物体在地图上的标志符号。地形图的内容是用形状不同、大小不一的图形和文字组成符号表示的，是地图与用图者对话的语言。它不仅具有确定客观事物空间位置、分布特点以及数量、质量特征的基本功能，还具有相互联系和共同表达地理环境诸要素总体特征的特殊功能。因此，要想认识地图，首先要了解地物符号的特点和作用。

### (一)地物符号种类(按符号所代表的事物情况划分)

1. 面状符号

地面事物呈面状分布，当实际面积较大，按地图比例尺缩小后，仍能表示出其分布范

围时，用面状符号表示(图5-10)，如大的湖泊，大片森林，沼泽等。这种符号能表示事物的分布位置、形状和大小，因此，一般又把这种符号称为依比例符号。

2. 线状符号

地面上呈带状或线状延伸的事物，按地图比例尺缩小后，长度可依比例表示，宽度不能依比例表示，在图上用线状符号表示(图5-11)，如道路、输电线、河流等。由于这种符号能表示事物的分布位置、长度和形状，但不能表示其宽度，因此，一般又把这种符号称为半依比例符号。

3. 点状符号

客观事物在地面上所占的面积较小，在图上不能按比例尺表示其分布范围时，则用个体符号表示(图5-12)，如表示居民点的房屋、小塔形建筑、石块、小树等。由于它只表示其分布位置，不表示事物的形状和大小，因此，一般又称这种符号为不依比例符号。

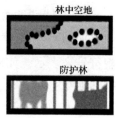

图5-10 面状符号示例

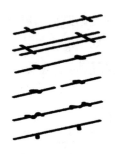

图5-11 线状符号示例

图5-12 点状符号示例

(二)地物符号构成特点与要素

1. 地物符号特点

地图内容是通过符号来表达的，因此符号应该具有以下特点：符号与实际事物的具体特征有联系，以便可根据符号联想实际事物；符号之间有明显的差异，以便相互区别；同类事物的符号类似，以便分析各类事物总的分布情况，以及研究各类事物之间的相互联系；符号简单、美观、便于记忆、使用方便。

2. 地物符号构成

地物符号的上述特点是由符号的图形、大小和颜色表现出来的，因而图形、大小和颜色成为符号的三个基本要素。

(1) 地物符号图形

地物符号的图形主要用以表示地理事物性质上的差别。面状符号的图形与事物的实际形状相似；线状符号的图形为不同形式的线划，如双线、单线、实线、虚线和点线等；个体符号的图形多为简单的几何图形和象形图形。符号图形具有图案化和系统化的特点。所谓图案化就是符号图形有些类似于事物本身的形状(图5-13)。图案化的图形既形象又简单、规则，因而便于根据符号图形联想实际事物的形态。符号图形系统化是指各种符号图形具有内在的联系，通过图形的变化，可以表现事物的量和质等特征。符号图形系统化表现为同类事物符号图形类似。例如，道路一般分为铁路、公路及其他道路，分别以黑白相间的双线、普通双线及单线、虚线、点线等表现其差异(表5-1)。

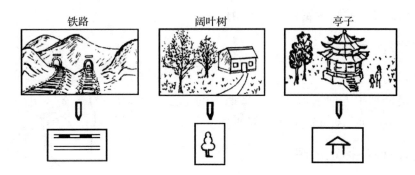

**图 5-13 符号图形图案化示意图**

**表 5-1 道路符号系统化比例**

| 系统 | 陆上交通线 | | |
|---|---|---|---|
| 亚系统 | 铁路 | 公路 | 其他道路 |
| 按主次区分 | 常轨 ▬▭▬ 双线 ▬▭▬<br>窄轨 ▬▭▬ 单线 ▬▭▬ | 公路 ══<br>简易公路 ══ | 大车路 ────<br>乡村路 ────<br>小　路 ----<br>时令路 ⋯⋯ |

（2）地物符号大小

符号的大小主要反映事物的重要程度及数量差异。一般来说，表示重要的、数量多的事物的符号大些；反之，则符号小些。

（3）地物符号颜色

为使地图内容层次分明、清晰易读，地物符号采用不同颜色来区分地形的性质和种类。我国现出版的地形图均为四色图，其地物符号使用规则见表 5-2。

**表 5-2 分色规定表**

| 颜色 | 使用范围 |
|---|---|
| 黑色 | 居民地、独立地物、管线、垣栅、道路、境界、森林符号和注记等 |
| 绿色 | 森林、果园等植被的普染 |
| 蓝色 | 水系及其普染、水系注记、雪山等高线及注记 |
| 棕色 | 地貌和等高线的高程注记、公路普染 |

## 第二节　野外识图

掌握野外识图首先要学会标定地图。标定地图就是给地图定向，使地图的方位与现地的方位一致。通过标定地图，可以将地图上的地物地貌符号与实地的地物地貌一一对应，这不仅可以帮助我们迅速地查看地图，了解实地地物的分布情况、地貌的起伏程度以及它们之间的相互关系，还可以帮助我们根据地图上的路线，选择具体的实地行进路线。常用的标定地图的方法有概略标定和利用地物标定。

## 一、概略标定地图

地图上的方位是：上北、下南、左西、右东。当我们在现地正确辨别了方向之后，只要将地图的上方对向现地的北方，地图即已标定，如图 5-15 所示。

## 二、利用地物标定地图

### （一）利用直长地物标定地图

直长地物是指较长的线状地物，如铁路、公路、土垣、沟渠、高压线等。方法如下：

①首先应在图上找到这段直长地物。

②转动地图，使图上的直长地物与现地的直长地物方向一致。

③对照两侧地形，使图与现地各地形点的关系位置相符。

在图 5-16 中，操作者利用路边的沟渠来标定地图时，平移且转动地图，使图上的道路与实地的水渠概略重合。

### （二）利用明显地形点标定地图

在实地找出一个与地图上地物符号相对应的明显地物，如桥梁、亭子、独立的建筑等，然后转动地图使图上的站立点至目标的连线与现地的站立点至目标的连线相重合。例如，选择一个图上与现地都有的明显的地物，转动地图，使图上的站立点至目标的连线与现地的站立点至目标的连线相重合（图 5-17）。

## 三、确定站立点

在野外，我们时刻要注意确定实际所处的地点在地图上的位置。这是进行定向越野首先必须掌握的一项基本技能。其主要方法是，通过标定地图，将地图与现有的地物、地貌进行逐一对照，从而确定所处的方位。

### （一）直接确定

当自己所处位置是在明显地形点上时，只要从图上找出该地形点，站立点的位置即可确定。这是最常用的方法，如图 5-18 所示。

图 5-15　南对南

图 5-16　利用直长地物标定地图

图 5-17　利用明显地形点标定地图

图 5-18 直接确定

## (二) 利用位置关系确定

当站立点位于明显地形点附近时，可以利用位置关系确定站立点。利用位置关系法确定站立点主要是依据两个因素：一是站立点至明显点的方向；二是站立点至明显点的距离。在地形起伏明显的地方，还可以结合高差情况进行判定。如图 5-19 所示，当站立于小河北岸、村舍正右方，左距公路 150 m 远处，依此方位关系，在地形图上定出站立地点的位置。

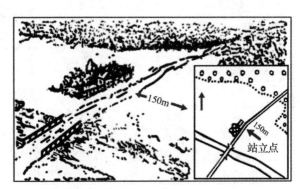

图 5-19 利用位置关系来确定

## (三) 利用"交会法"确定

当站立点附近无明显地形点时，可以利用"交会法"确定站立点位置。按不同情况，它又可以具体分为 90°法、截线法、连线法、后方交会法和磁方位角交会法。这些方法的优点是不需要判断或测量距离也能确定较为准确的站立点位置，这对于初学者学习、巩固使用越野图的训练是很有意义的。下面介绍几种常用的方法：

当你站在线状地形上时可以利用 90°法、截线法、连线法、后方交会法确定。

### 1. 90°法和连线法

当你在线状地形上运动时，同时待测的位置恰好处在某两个明显地形点的连线上，可以利用这种方法确定站立点（图 5-20）。

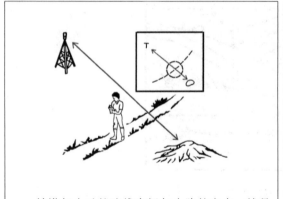
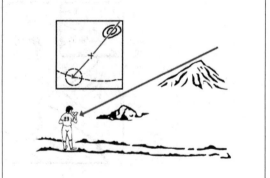

| 铁塔与小丘的连线中间与小路的交点,就是站立点的位置 | 小山顶与墓地的连线至路的交点,就是站立点的位置 |

图 5-20　利用 90°法和连线法确定

### 2. 后方交会法

当在待测点上无线状地形可利用,而且地图与现地相应地都有两个以上的明显地形点,地形较开阔,通视良好的情况下,可以采用后方交会法方法确定站立点,如图 5-21 所示。

标定地图后,在地图上取一个山顶为标志和现地相应山顶在地图上作一直线;地图上的树丛与现地相应的树丛在地图上作一连线,两条直线的交会点就是站立点。

图 5-21　利用后方交会法确定

## 四、依地图行进

依地图行进是野外持图越野的基本运动形式,也是一项最基本的技能。在行走途中,应首先了解前方要通过的方位物,边走边对照地形。在经过每个岔路口、转弯点、居民地进出口时,应快捷准确地对照地形,随时了解自己在图上的位置。做到随时标定地图,随时确定站立点在图上的位置,随时对照周围地形,随时保持清醒的头脑。具体的行进方法如下。

### (一)拇指辅行法

在行走过程中,不断转动地图,使地图与现地方向一致,并且,手指压在站立点上。做到人在地上走,指在图上移,如图 5-22 所示。采用拇指辅行法依图行进时,首先应明确站立点、比赛路线、目标点;转动地图,使地图与现地方向一致,并将左手拇指压于站立点一侧上,先上大路;到大路后转动地图,移动拇指(沿大路跑,看到路旁小屋后向右转);再转动地图,移动拇指(沿大路跑,经过右侧路口后在下一路口左转弯,可直达目标点)。

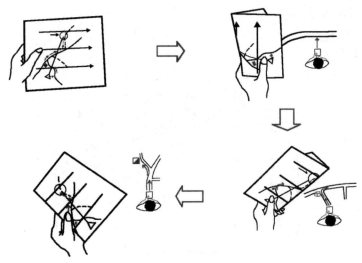

图 5-22 拇指辅行法

### (二)沿地形地貌依图行进

沿地形地貌依图行进是初学者必须掌握的一项基本技术。线形地貌(如河流、栅栏、小路、围墙等)、明显地物(如房屋、独立树、石碑等)以及等高线等都是很好的参照物,可以提供安全、快捷的路线。其方法是按所跑路线的顺序,分段、连续或一次性记住前进方向上经过的地形点、两侧的特征物等内容,使现地的情景能够不断与记忆内容迭影、印证,做到人在地上跑,心在图上移。

1. 借线法行进

利用线状地形,如道路、围栏、高压线等作为行进的导引。由于沿着线状地形行走犹如扶着楼梯的栏杆行走,因此,有人称此方法为扶手法。如图 5-23 所示,先沿小路到高压线下,再沿高压线找点。

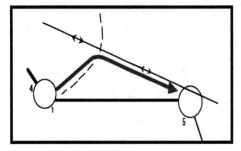

图 5-23 借线法行进

2. 借点法行进

借点法行进是利用明显的地物地貌点来控制运动方向,当检查点附近有高大、明显的参照物时,可采用此方法,如图 5-24 所示。参照物可以选择鞍部、建筑物、山丘等。

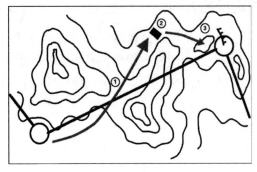

①鞍部;②建筑物;③山丘

图 5-24 借点法行进

3. 水平位移法行进

当站立点与检查点在同一高度时，可沿等高线行进，但要确定站立点与检查点之间是否可通行，如图 5-25 所示。

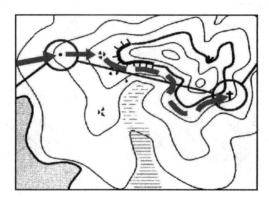

图 5-25　水平位移法行进

4. 提前绕行法行进

在检查点之间有较大的障碍时，可提前选择最佳路线，如图 5-26 所示。提前选择最佳路线的原则是：沿着山向前跑，虽然路线较长，但不必爬山；沿着山背向前跑，虽然路线比直线长些，但不需要太多的攀爬。

5. 沿地形地貌依图行进注意事项

①在经过岔路口、道路转弯点、居民地进出口时，应对照地形。

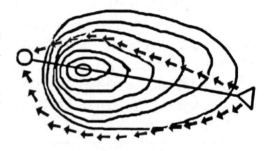

图 5-26　提前绕行法行进

②在遇到现地地形变化与地图不一致时，应仔细对照全貌，分析地形的变化和位置关系，然后准确地判定站立点的位置和行进方向，做到有疑不走、有矛盾不走、方向不明不走。

③当发现走错了路时，应立即对照地形，回忆所走过的路，判明从什么地方走错的，偏离原定路线有多远，再根据情况另选迂回路线或返回继续前进。

## 五、利用指南针确定行进方向

利用指南针确定行进的方向，是一种最简易、最快速的方法，特别适合初学者在特征物少、植被密度底、地形起伏不大的树林中使用，具体方法如图 5-27 所示。

①将指南针直尺边切于目标方向线，指南针上的方向尖头指向你所要到达的位置。

②把指南针和地图作为一个整体水平放置在你面前，转动你的身体，使指南针上红色指针的指向与地图所示的磁北线方向一致。

③指南针方向尖头所指的方向即为你所要前进的方向。

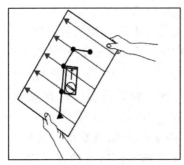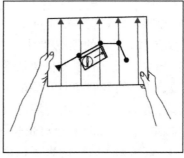

图 5-27　利用指南针行进

## 第三节　野外方向判定

在野外实习中,为防止迷路,正确判定所在位置和方向,必须掌握定位和测向方法。在自然界中,某些动物具有辨别方向的本能(如鸽子),人类的某些成员也具备这种能力,但绝大多数人不具备,或者只具备这种潜能,因此野外确定方向主要依靠经验和工具。野外判定方向和位置的方法有许多种,下面介绍几种常见的方法。

### 一、利用罗盘(指南针)判定方向

把罗盘或(指南针)水平放置,使气泡居中,此时磁针静止后,其标有"N"一端所指的方向便是北方(图5-28)。罗盘(指南针)除了能测出正北方向外,还可以测出某一目标的具体方位,方法是打开罗盘将照准器对准目标,或将刻度盘上的0刻度对准目标,使目标、0刻度和磁中点在同一直线上,罗盘水平静止后,"N"端所指的刻度便是测量点至目标的方位。例如,磁针"N"端指向36°,则目标在测量位置

图 5-28　利用指南针判定方向

的北偏东36°。利用罗盘或指南针辨别方向虽然简单快捷,但需要注意应尽量保持罗盘(指南针)水平,不要离磁性物质太近,勿将磁针的"S"端误作北方,造成180°的方向误差,应掌握活动地区的磁偏角并进行校正。

### 二、借助太阳判定方向

在晴朗的白昼,根据日出、日落就可以很方便地判定东方和西方,也就可以判断方向,但只能是大致地估计,较准确的测定方法有下列几种。

1. 手表测向

"时数折半对太阳,12指的是北方",一般在上午9:00至下午16:00可以很快地辨别出方向,用时间的一半所指的方向对向太阳,12刻度就是北方。如图5-29所示,当前10:00,用折半后的5点方向对向太阳,12刻度就是北方。

2. 立竿见影测向

在一块平地或甲板上,竖立一根 1 m 长以上的直木棍,使其与地面垂直,把一块石子(或做一标记),放在木棍影子的顶点 A 处;约 10～15 min 后,由于太阳由东向西移,木棍的影子便由西向东移,影子的顶点移动到 B 处时再放一块石子(或做一标记),将 A、B 两点连成一条直线,这条直线的指向就是东西方向,新的投影位置 B 处就是西,与 AB 线垂直的方向则是南北方向,向太阳的一端是南方,相反方向是北方(图 5-30)。插杆越高、越细、越垂直于地面、影子移动的距离越长,测出的方向就越准。特别是中午 12:00 前后。如 11:30 和 12:30 这两个时间的影子长度几乎相等,顶点的连线刚好指向东西方向,连线的垂直线也能较准确地指出南北方向。

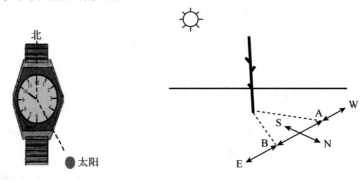

图 5-29　利用手表判定方向　　图 5-30　利用立竿见影判定方向

### 三、借助月亮判定方向

在夜晚,可以利用月亮进行简单的方向判定。由于月球的公转,所以月亮的形态也随着时间而改变。上弦月时,晚上 18:00 月亮所处的位置在东,0:00 月亮所处的位置在西边;下弦月时,晚上 0:00 月亮所处的位置指向东方,次日凌晨 6:00 月亮所处的位置指向南;满月时,晚上 18:00 月亮所处的位置在东,0:00 月亮所处的位置在南,次日凌晨 6:00 月亮所处的位置在西边(图 5-31)。

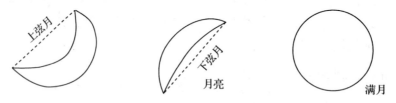

图 5-31　借助月亮判定方向

### 四、借助星体判定方向

当夜晚时,可根据北极星判定方向。北极星位于正北天空,其出露高度角相当于当地纬度,据此可以很快找到北极星。通常根据北斗七星(大熊星座)或 W 星(仙后星座)确定。北斗星为七颗较亮的星,形状像一把勺子,将勺头两颗 A 向 B 连线并延伸约 5 倍处便是北极星。当看不到北斗星时,可根据 W 星,即仙后星座寻找北极星。仙后星座由五颗较亮的星组成,形状像"W"字母,字母的开口方向约开口宽度的两倍距离处是北极星(图5-32)。

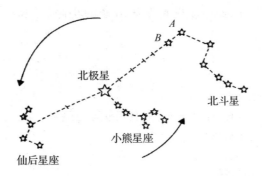

**图 5-32　借助北极星判定方向**

### 五、利用地物和植物特征判定方向

有时野外的一些地物和植物的生长特征是良好的方向标志,增加这方面的知识可以帮助我们快速地辨别方向。

**(一)地物特征**

①房屋:一般门向南开,我国北方尤其如此。
②庙宇:通常也是向南开门,尤其是庙宇群中的主体建筑。
③突出地物:向北一侧基部较潮湿并可能生长低矮的苔藓植物。

**(二)植物生长特征**

①一般阴坡,即北侧山坡,低矮的蕨类和藤本植物比阳坡生长旺盛。
②单株植物的向阳面枝叶较茂盛,向北的阴面树干则可能生长苔藓。
③我国北方的许多树木树干的断面可见清晰的年轮,向南一侧的年轮较为稀疏,向北一侧的年轮则较紧密。

### 六、迷失方向

在原始森林等一些容易迷路的地形中行走时,应在行走过程中做记号,如用小刀刮树皮、扎红布、插小红旗、做路标等。制作路标需注意以下几点:
①制作的路标应该在醒目的位置;
②路标应有清晰的指向,切忌模糊不清;
③确保路标在短期内不会被损坏;
④路标的颜色应和大自然的颜色有明显的区别。

如果迷失方向,千万不要慌张,应保持镇定、冷静,保持体能,充分利用身边的资源辨别方向,如果确实无法辨别方向,应采取以下措施:
①原路返回,直到有清晰方向的地方,再进行下一步活动。
②登高望远,寻找标志性的山脉或者建筑物以确定所处方位及方向。

③沿着河流的流向行走，如果附近有河流，可沿着河流走，很快就会寻找到正确的方向。

④顺着小路走，山林中总会有些人为踩出来的小路，顺着小路走也可以顺利摆脱困境。

**思考题**

1. 简述等高线显示地貌的特点。
2. 我国现出版的地图上有几种颜色？各颜色的使用范围是哪些？
3. 如何利用地物在野外标定地图？
4. 在野外如何确定自己的站立点？
5. 简述两种在野外依地图行进的方法。
6. 在野外如何利用地物和植物特征判定方向？

# 第六章　野外生存生活技能

> **导言：** 野外生存生活是指在远离居民点的山区、丛林等复杂地形的区域，在没有外部提供生命所赖以维持的物质条件下，个人或小集体依靠自己的努力，在不太长的一段时间内，保存和维持生命的基本手段和方法。本章共分六节，分别为野外取水、野外觅食、野外取火用火、野外宿营、野外天气观测和野外求救。

## 第一节　野外取水

水在人身体中的含量占近70%，人体所有的生理反应都离不开水。水参与新陈代谢，能够通过散热调节人体的体温，还可将人体中代谢的毒素排出体外，是维持肌体生命活动、保持健康不可缺少的物质。据统计，人离开水的极限时间约为150 h（受环境温度影响）。如果缺水缺食，人体体重减少20%左右时就会引起死亡；但缺食不缺水时，人的体重减轻30%左右仍能生存，也不会对体内脏器造成太大的损害。因此，绝境中的野外实习者最重要的是先找到水。

### 一、野外水源

地球上的水蒸发后形成雾和云，当其遇冷凝结则变化为雨、雪、霜、雹降落地面。一部分水沿地面流动汇集于地形凹隐之处，成为江、河、湖、塘等地面水；另一部分经土壤渗入地下形成地下水。

#### （一）降水

降水本身是洁净的，但在降落过程中，特别是降落初期易受到大气微生物、各种工业废气、农药等有毒化学物品及各种有害悬浮物的污染，加之收集困难，受时间限制，因此一般很少作为可用水源。

#### （二）地面水

地面水包括江、河、湖、塘、小溪，甚至较大的水坑等，为野外生存的常用水源。由于地面水直接暴露在外，一般混浊度大，且易受粪便、污水、农药、工业废水的污染，如作为饮用水源，必须对水进行净化与消毒，同时还应注意该水源是否处于疫区（如血吸虫病等流行区），取水时一定要加倍小心。

### (三)地下水

地下水由于经过砂层土壤过滤，水质在各类野外水源中是最好的，特别是深层地下水（深水井、泉水）大都可直接饮用。

### (四)植物中的水

仙人蕉（野芭蕉）的芯、储水竹的根、瓶树（纺锤树）的茎、高大的旅人蕉的叶柄、野山葡萄的藤和桦树汁等，在口干舌燥时都能解渴。另外，各种野山果、许多树木花草、大多数藤科植物都含有液汁可供饮用，但在将其砍断或剥皮吸吮前一定要品尝有无苦涩或辛辣异味，观察其他动物是否食用，以防中毒。

### (五)动物中的水

一般动物的血都可以直接饮用，在电影、电视中我们看到干渴的士兵生饮马血、羊血的镜头；在书中我们读过饮用马尿，还有自身小便的报道。在野外不少鲜活的蛇类、蛙类、鸟类都可以剥皮后嚼碎其肉取汁解渴。另外，一些昆虫如蝉、蚂蚱、野蚕、无毒的蛾，其汁都可作为水分补充。

## 二、野外找水

俗话说："人可一日无餐，不可一日无水"。可见人们非常清楚水对人的生存有多么重要。如果你在野外处于缺水状态，或者在树林中迷失方向，了解在野外找水的方法尤其重要。为了能够喝到饮用水，需要积累一定的常识和掌握野外找水的经验。因此，利用人体最原始的本能感觉找水是最基本的方法和技能，希望能帮助你在野外迅速找到水源。

### (一)听

流水声、滴水声一般在岩石上面和岩石下面；在水中生活的动物，如蛙声、水鸟声。

### (二)嗅

泥土的腥味、水草味。

### (三)看

通过观察所处位置及周边的地理环境、气象条件和动植物状况进行综合判断。

①地面潮湿、水位较高；秋天早上有雾处；周围特别炎热，但这个地方特别凉；冬天先有霜处、春天解冻早处和冬天解冻晚处的地下水位高。

②常长在有水地方的植物，如水杉、梧桐树、金针、柳树、马兰花、芦苇、荠荠草、面条草等（兔子喜欢吃）。

③动物：蜗牛、大蚂蚁窝、燕子窝附近。

④山谷有薄雾（晴天）水气重。

⑤有些植物本身就含水，如野刺莓、猕猴桃、桦树汁、仙人蕉（野芭蕉）的芯、仙人掌、葡萄藤等。

取水时切记：一看，二尝，三嗅。一看水的颜色，水中矿物质含量高，则水会变黄变黑绿；二尝水的味道，是否有涩、苦、咸味；三嗅水的气味，是否散发恶臭味。

### 三、气候与地面

地面水位愈高,愈容易挖取。

春季解冻早,冬季封冻晚,地下水位高;夏季地面潮湿、不干不热处,地下水位高;秋季晨为薄雾,晚露水重,地面潮湿处,地下水位高;冬季地表裂处有白雾,地下水位高。植物指示:沙柳、金针、胡杨、芦苇丛、马兰花及青草茂盛处有水。

动物活动:青蛙、蜗牛居住地,蚁穴附近,燕子飞过及巢处,蚊虫聚集飞翔处,均有水。斑鸠有早晚飞向水源的习性。牧民设过的羊圈牛栏附近的地方,野生动物经常出没并有足迹的地带都能发现水源。

地形、地质情况:"人往高处走,水往低处流。"这句谚语告诉我们,可以在低洼处、谷地及缓坡斜地去找水。砂页岩在我国分布甚广,其分布在沟谷、盆地或在砂岩与页岩的接触面处往往有泉水涌出。另外,在溶洞深处,在各种沉积岩、火山岩和变质岩的裂缝地带,大都能找到可直接饮用的含矿物质的泉水。

### 四、水质鉴别

洁净的饮用水是无色无味的,水浅时清澈透明,水深时为淡蓝色。

肉眼观察:水质呈黄色为腐败物污染,水质呈绿色为低价铁污染,水质呈黄棕色为高价铁污染或锰元素污染,水质呈黑色为严重工业污染。

嗅觉:凡被污染不能饮用的水大都有腐败、恶臭、农药、霉变、铁锈或咸腥等异味。

味觉:被有机物污染的水味甜,被氯化钠污染的水味咸,含硫酸镁或硫酸钠的水味苦,被铁污染的水味涩,含某些农药的水味辣。

凡上述口味异常、颜色怪异、气味恶心的水均不能饮用。

### 五、野外取水和水质的改善

有时在野外取水相当困难,特别是随着工业化的发展,不少过去的优质水源都或多或少地受到污染,特别是地处下游的河段,因此应了解上游的工业化生产情况,对混浊的湖泊、池塘应观察水源里是否有生物、周围植被的生长情况(是否花草枯萎褪色),对饮用的不良水源必须要进行水质过滤净化。

#### (一)降水收集

地下水源在野外通常难以找到,而当地面水源污染严重或地处荒岛、沙漠、高山等无水地带时,可充分利用天气情况收集降水(雨水、雪、冰雹),在降水的前段不要收集,可以利用前段降水冲洗雨衣、雨布(图6-1)或其他接水容器的灰尘和污物,然后再收集降水并保存。收集冰块时,先除去表面,取深层冰块并尽量凿成大块保存。

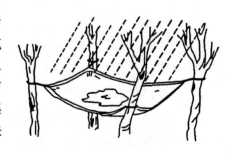

**图6-1 收集雨水**

### (二)地面水的收集

当地面水混浊污染或是地处疫区时可采用以下方法收集饮用水。

1. 过滤井

在水源上风处挖一直径 1 m 左右的坑,直至有水渗出,再往下挖数十厘米,底部放入大小不等的石块或塑料布(图 6-2)。

图 6-2　利用过滤井收集水

2. 沙滤桶

利用水桶,在其下部侧壁用竹管或其他管子安好出水口,底部垫上石块(12 cm)、麻布或棕树皮两层盖在石块上,上面装入沙子或木炭(20 cm),再装入 10 cm 厚的石块(图 6-3)。

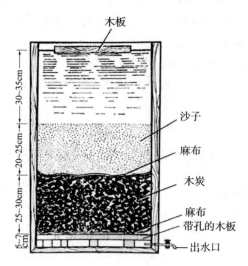

图 6-3　利用沙滤桶收集水

3. 布滤水器

用粗铁丝绕在打孔的竹管或橡皮管上,绕成长圆形,用 4~6 层布将铁丝缠紧,制作成布滤水器。使用时,将布滤水器投入浑水中,利用虹吸原理将清水引出。

### (三)野外水质的改善

饮用混浊、有色、异味的水不但使人厌恶,对健康亦有影响,而有时过滤后的水仍达不到饮用水要求,这时可根据野外现有的条件,灵活地使水质得到进一步改善。

1. 加矾改进水质

每升水中加入10%明矾1 mL或直接加入0.2~0.5 g明矾搅动数分钟,直到出现絮状物为止,静置0.5 h后水可澄清。

2. 野生植物净水法

野外生长的仙人掌、仙人球、木芙蓉、贯众、梧桐、榆树、马齿苋、丝瓜等都有一定的净水作用。将上述植物的黏性部分捣烂包于纱布中,用手握住在水中边挤边搅动,直至出现絮状物为止,沉淀3~5 min后,水即澄清。用量为每升水5 g左右。

### (四)野外饮水的消毒

水质净化后可除去杂质和一定的病原体,但仍有一定数量的病原体和细菌难以灭除,饮用仍不安全。为了更好地适应野外生存的需要,保证身体健康,必须对饮用水加以消毒。

1. 煮沸法

此方法简单,特别是在冬季野外生存中能使野外实习者喝到热水,对保暖增温、消除疲劳大有益处。此法不仅能杀灭细菌等病原体,对一些毒素(肉毒杆菌毒素等)和大部分化学毒剂都能清除。在野外条件允许时应尽量喝开水。

2. 药物消毒法

①用含氯药物消毒,取2 mg的净水片1片,压碎后放入盛满水的水壶中,溶解后30 min即可饮用。

②氯溴三聚氰酸(饮水消毒片)1片,放入盛满水的水壶中,溶化后3~4 min即可饮用。

③碘酒4~6滴,滴入水壶中摇荡数下亦可饮用。

## 六、野外饮水注意事项

野外饮水直接影响野外生存是否能够顺利完成。在野外缺水比寒冷、酷暑、饥饿、伤痛更为可怕,特别是在野外行军、爬山、作业时消耗了大量的体液,因此,野外饮水是野外生存的重中之重。

### (一)按计划合理用水

现有的自带水一定要按计划合理饮用,最初尽量不喝水,仅用少量的水湿润口腔、咽喉,在身体需要水分时可开始少量多次地饮用。据统计,一次的饮用水量加大时,排除的尿量也加大,而将一次的饮水量分十次饮用,排尿量会减少到原尿量的1/5左右,使宝贵的水在人体中得到充分的利用。在没有找到新的水源情况下,千万不要把水饮尽。这是野外生存中基本法则和宝贵经验。

### (二)尽量减少身体内水分散失

环境和温度是影响人体水分消耗非常重要的因素。环境干燥、天气炎热,身体内水分的散失严重。在无法获得饮水补充时,应当积极寻找阴凉处,避免烈日暴晒,减少活动,尽量保持安静,寻找水的时间应多安排在清晨或傍晚。

### (三)关于海水的饮用

过去有许多资料介绍,海水是不能直接饮用的,含有高渗钠离子的海水会破坏人体的生理平衡，导致体内高渗压而大量排尿，使人更加缺水。但亦有报导，遇险的海员短时间内少量饮用海水而延长生命，赢得获救时间。还有人试验，从落海的第一天开始饮用海水，每次 50 mL 以下，每日不超过 500 mL，连续 4~5 d 后再饮用淡水。试验结果表明，受试者身体功能很快恢复正常。看来适当少量地饮用海水也能在短期内维持生命。但饮用时一定要根据身体情况而定，每次一定要控制在 50 mL 以下，间隔时间一定在 90~120 min 左右，每日饮用量 500 mL 左右，如发生血尿、肢体颤抖、头晕眼花，应立即停止饮用。

# 第二节　野外觅食

野外觅食是指因实习过程中发生迷路、意外伤害等情况，造成不能在规定时间抵达目的地，在无携带应急食品的情况下，为了保存体能，只能在野外环境中寻找可食用的植物和捕获动物来充饥，获得能量，维持生命，进行自救和等待他救，而采取临时性获取食物的行为。（特别说明：天目山是国家级自然保护区规定严禁采摘、挖掘和捕获受国家保护的野生动植物！！！本节仅作介绍，不代表可以在天目山国家级自然保护区内对受保护的野生动植物进行采集或捕捉。）

## 一、可食野生植物

### （一）可食野生植物类型

在野外可供食用的植物很多，并且营养价值高。可供食用的植物主要包括以下类型。

1. 淀粉食物

有些植物的根部含有大量可食用的淀粉，如葛根、山药等。但生淀粉不易消化，此类植物都必须煮熟后再吃。煮第一次后应将水倒掉，再用清水煮。

2. 蘑菇

长在地上或朽木、放倒的原木上的蘑菇，大部分都可食用。为了避免中毒，不吃可疑的蘑菇。不食用不新鲜或生长过熟的蘑菇。煮、烤、炸等均可，无盐时味道不好。具体方法是，柔软的可慢火炖 10 min，厚的、干硬的蘑菇帽和茎要炖 40 min。鲜帽可煮食，或在热石头上、铁板焙 2~5 min 翻一面即可。

3. 果实

如胡桃、榛、橡树、栗等，均长有坚果，但有些植物的果实有苦味，须煮食以去掉鞣酸；或者先洗掉灰，压成小饼，然后再焙熟食用。食用松果时，可用布包裹住松果或在其中穿一根木棍，往岩石上敲，松籽便可脱落。大多数鸟能吃的果实人都可食用，可食用的果实多数可生食，多汁的果实最好煮食，个大、坚韧的或包有硬皮的果实最好是焙或烤。

4. 野菜

野菜多数是指多汁的叶子、豆荚、种子、秸秆及非木质性根。食用时要选择质地较嫩的植物部位，加工前应多用清水漂洗几次，以去掉植物的苦味和异味。野菜有以下几种加工食用方法。

(1) 生食

有些野菜可以生食，如苦菜、蒲公英、小根蒜等，食用将野菜择洗干净，用开水烫过加调味品即可。另外，已知无毒并具有柔嫩组织的野菜，如马齿苋、托尔菜等，可将野菜用开水烫或煮开 3~5 min 后，捞出并挤出汁液后，加入调味品凉拌可除去一些苦涩味道。

(2) 炒食或蒸食

已知无毒或无怪味的野菜，如刺耳菜、荠菜、野苋菜、扫帚菜、鸭跖菜等，食用前将嫩茎择洗干净，切碎后可炒食，或放入粥中做成蔬菜粥以及可以作为包子馅用等。

(3) 煮浸

该方法适于加工具有苦涩味并可能具有轻微毒性的野菜，如败酱、胭脂麻、水芹、珍珠菜、堇菜、龙芽菜、水杨梅等。采摘嫩茎叶洗净后，在开水或盐水中煮 5~10 min，然后捞出，在清水中浸泡数小时，且不时换水，浸泡时间因野菜的苦味大小而定，必要时可以过夜，然后即可炒食。

**(二) 识别有毒植物**

采食野生植物最大的问题是如何鉴别有毒或无毒。最简单的方法是将采集到的植物割开一个口子，放进一小撮盐，观察这个口子是否改变原来的颜色，变色的不能食用。还可取植物幼嫩部分少许，在嘴中用前齿嚼碎以后以舌尖品尝是否有苦涩、辛辣及其他异味。如果怪味很浓，则可能有毒，应立即吐掉然后漱口；涩味表示有单宁；苦味则可能含有毒生物碱、苷类等有毒物。因一些有毒物质（单宁、生物碱）可以溶于水，所以可将植物用开水烫后再浸 5~6 h，或煮熟，再品尝是否还有怪味。此时如果苦涩、怪味依然存在则不可食用。在煮后的植物汤中加入泡好的浓茶，若产生大量沉淀，则表示汤中含重金属或生物碱，不可食用。煮后的汤水经振荡后产生大量泡沫者，则表示含有皂苷类物质，不可食用。一般牲畜可食用的饲料，人基本都可食用。特别是几种牲畜都喜爱的饲料，肯定无毒。在缺乏以上一切鉴别工具及手段时，亦可少量试尝某种植物，若 8~12 h 内身体无头晕、恶心、头痛、腹痛、腹泻等中毒症状时，再大量食用。

鉴别植物是否有毒是复杂的，最可靠的方法是根据有关可食野生植物的图谱进行认真鉴别。但身处荒郊野外，则只能利用平时掌握的可食野生植物的种类、分布及采食方法进行识别采食。

## 二、可食野生动物

野生动物是我们的重要食物来源。大自然中可食用的动物种类包括：兽类、鱼类、鸟类、爬行类（如蛇、蜥蜴等），以及大的昆虫（如蝗虫、蚂蚁等）。有些动物捕捉时不需要什么技巧，但大多数的动物必须通过布置陷阱或直接狩猎才能得到。这就要求我们掌握一些有关动物生活习性、捕捉方法等方面的知识。

**(一) 寻找猎物**

对于动物要了解得越多越好，但在野外除了应利用已知的一切知识，帮助自己发现和寻找更多的可猎之物，还必须研究每种动物的特性，了解它们在何处藏身、栖息、取食、饮水等细节，必须学会如何能有效杀死猎物，设置何种陷阱，在何处狩猎等。另外，不要滥杀无辜，要用人类善良的天性来抵御求生的自私和贪婪。

动物的踪迹几乎分布于地球上每一个角落，但野生动物在日常却并不那么容易发现。学会辨认动物留下的踪迹，并从中分辨出是何种动物，将有助于我们选择适当的策略进行狩猎或布置陷阱。多数动物只在早晚时分外出活动。白天只会有大型猛兽外出奔走，大型食草性动物也需要整天觅食，有些小型动物需要频繁进食，也会长时间不间断地活动，但是大多数小型哺乳类动物（如兔子），主要在夜间觅食，除非天气变化时才会改变觅食习惯。肉食性动物会在各自的猎物外出活动时捕获它们。作为生存者，人类也应与它们一样，但是人类有更多的机动性，可以通过设置陷阱捕捉到那些甚至根本无法谋面的猎物。

1. 动物足迹

(1) 寻找动物出没地

猎物的足迹常指泉水、小溪、湖泊、觅食处和栖息地。如有大脚迹四周围绕有小脚迹，表示有母兽带领一群幼兽走过；如两只脚迹并列，前后列距离较远者表示这只野兽在奔跑，如脚迹零乱距离较近表示在走步。兽迹前端的方向也就是兽类前进的方向，如脚迹零乱而模糊，并有压倒的草茎，表示野兽曾在此卧倒。如凌晨 4:00~5:00 曾下过雨，你早晨发现脚迹，其迹痕新鲜者，表示这只野兽是凌晨 5:00 以后才走过；如迹痕中间存留有雨水，则表示这只野兽是凌晨 4:00 以前走过去的。

(2) 辨认足迹新鲜度

冬季确定足迹不难，因为有雪，新足印总是轮廓分明，足印壁上有小的锯齿状边缘；疏松的雪地，沿足印两旁有小块雪团。鸟和小动物的足印由于寒冷形成小窝，新鲜散碎甚至呈二指手套状；而陈旧的足印上，低温时易形成冰花。在潮湿的泥土上，足印新鲜程度也是以轮廓是否分明来确定。新鲜足印内常有小积水，在阳光下常闪亮，但经过 1~2 d 即失去光泽而发暗，足印内的水也逐渐消失。夏天的早晨，新鲜足印内常留下洒落的露滴，太阳升起后很快蒸发。

2. 动物排泄物

粪便是确定动物类别的重要参照物，动物的体形大小也可以从中得以反映。粪便干燥程度是判断动物何时从此地经过的指标之一。新鲜粪便会含有一定比例的水分，随着时间的延长，粪便会变得坚硬，特征性气味也会逐渐消失。飞动的苍蝇可以使你注意到附近的动物粪便。

(1) 哺乳类

许多哺乳类动物的粪便有强烈的遗臭，这是由开口于肛门内侧附近的腺体分泌产生的，它们有标记领地、发送性信号等重要功能。

植食类动物：如牛、鹿、兔子等留下椭圆的马粪状排泄物。

肉食类动物：如猫、狐狸等的排泄物为长方形。

有些动物，包括獾和熊类，是杂食性动物。掰开一团干燥的粪便查看是否能找到有关此种动物猎食习性的线索，以便在布置陷阱时选用动物偏好的诱饵。

(2) 鸟类

鸟类分为植食类和肉食类，通过辨别鸟粪可以区分它们。食谷物的植食类鸟粪便体积较小，多数情况下新鲜鸟粪为液态。肉食类大型猛兽排出丸状粪便，粪里可能还有未消化的肉类残渣，如鱼、鸟、鼠等啮齿类小动物等。松散的鸟粪表明在一定的地域内可能就有水源，因为小鸟不会飞离水源太远。但是肉食类鸟类却不会因水源远近限制它们的生活区域。地面上密集的鸟粪通常表明周围存在鸟类巢穴。

3. 了解动物生活习性

寻找猎物应了解和掌握动物的生活习性，如秋天猎取野猪，应到栎树林、红松林附近的野地去寻找，因为此时野猪爱吃橡子、红松果球和庄稼；冬季降雪后，野猪的食物减少，常在向阳避风的山坳里过冬；南方气温高，野猪多栖息在疏林草地和近水的高草丛或临近野地。野猪的行走路线基本固定不变。

野鸡通常生活在林缘地带、灌丛或杂草丛生的地带，有时也进入森林，但很少进入密林中。冬季野鸡多在田野平地觅食谷物等植物的种子，白天较少上树，多在地面走动和觅食；夜间喜在树上过夜，以避敌害的袭击。

野兔多栖于山地、草原或有树的河谷中，白天不易发现，多在夜间活动。

通常，动物总是在日出时走向草地和水边，以尽快填饱肚子；天热时，则蛰居在隐蔽处；到了黄昏，又回到栖身处或周围的洞穴；在月光明媚的夜晚，动物便出来四处觅食。因此，狩猎最适宜的时间是清晨和黄昏。此时，动物不仅数量多，而且容易在水源附近、林间空地、山顶关口找到。暴雨天猎物会找地方隐蔽，难以狩猎。

**（二）捕获猎物**

下面介绍几种简便易行的捕猎方法。

1. 压猎

压猎又称压拍子，是简便易行的一种捕猎方法。用此方法可以捕捉各种小型毛皮兽。压拍子是用一块石板或木板，或者冻土板、冰板，用木棍（或绳子）支（或吊）起来，板上可加重物，板下放置诱饵，当动物取食时，即可被捕获。

捕捉大型动物用落石陷阱较有效。装陷阱的关键是，触发器能使圆木头或大石块准确的击中猎物。在森林中，可用粗圆木（树干）做成压杠支设在高处，通过触动机关引发压杠落下砸中动物，达到捕捉目的。具体方法如下：在有较大分叉树枝的大树根部离地约 10 cm 处，左右间距约 30 cm，钻孔打入尖头圆木锲，在打入圆木锲的前方约 2 m 远的地面上打入木桩，将粗圆木（树干）通过绳索经过大树上方树枝分叉处拉掉起来，绳索沿着树干而下在两个圆木锲下方处加入一根横木使绳索变向，并将变向后的绳索与地面的木桩进行固定，将粗圆木（树干）吊起在空中，并在粗圆木（树干）的下方设置诱饵。当动物扑向诱饵时，踩或绊到地面绳索，将两个圆木锲下方处加入一根横木拉

**图 6-4　树干陷阱**

出，破坏了平衡，重物会在瞬间坍塌下来，砸向猎物，如图6-4所示。

也可用一根支柱撑起一块岩石或一捆圆木，支柱中部架在固定的地面的叉桩上以维持平衡；另一端斜撑在地面上。绳索一端系在扳机棒上，另一端穿过叉桩系在支柱的下端。诱饵棒一端支在扳机棒上，另一端支住圆木。动物扑向重物下的诱饵时，牵动诱饵棒，扳机棒失去平衡释放，重物随之迅速砸下，如图6-5所示。

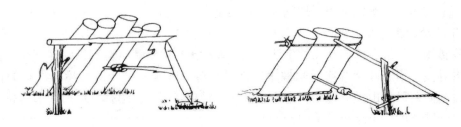

**图6-5　落石陷阱**

2. 套猎

套猎是用各种绳索（棉、麻、棕绳）、马尾、钢丝制作套子猎捕动物。套子的大小、距地面的高低，由所猎动物的大小决定。如套捕野兔的简易绳索，可选取长约1.5 m，直径1 mm左右的钢丝，将一头弯过去，缠绕在钢丝上做成套子。套子的直径约13～14 cm，套的一端拴在小树上，套子底边距地面约11 cm。套子要布设在疏林和林中空地或兔子通道中间，不要偏斜和歪扭。

用饵食和绳套可诱捕各种鸟类，还可用树木、竹子和绳索做成吊套猎捕动物。吊套简便易行，动物一经套住，由杠杆将其吊起，使其没有挣扎逃跑的可能。最简单常用的方法是在圈套与树枝之间，做一个触发器，待猎物伸入套挣扎时，触发器被拉下，树枝即向上弹起，捕获猎物。还可将两根弹木下端分别钉牢在地面上，另一端绷紧，相互钩住以维持平衡。垂直诱饵臂上端系在弹木上，双面四根绳索也分别系在两根弹木上。绳索金属线必须有相当的强度，才能维持适当的环形。猎物咬中诱饵时，带动挂钩脱离，弹木带动绳索将猎物吊离地面，如图6-6所示。

**图6-6　吊套陷阱**

3. 捕兽卡和竹筒

捕兽卡主要用于捕猎小型动物，如田鼠、黄鼠、黄鼬等。是用一种细钢丝弯曲而成，两端有向外弯曲的尖，中间有供设置用的细铁丝小圈。设置时，将钢丝两臂压紧，使两臂上的铁丝小圈重叠,用大头针通过后面小圈穿入重叠小圈即可。钢丝尖端设置诱饵,当动物取食时,铁丝圈即从大头针上脱落,钢丝弹向两侧,因钢丝尖端支撑动物嘴部而捕获。

竹筒也可用于猎捕黄鼬等小动物。选择内径约 6~7 cm,长约 65 cm 的一节竹筒埋入土中,竹筒上口与地面平,竹筒里面必须光滑,将诱饵投入筒底,当动物进竹筒中取食时,就再无法退出来,如图 6-7 所示。

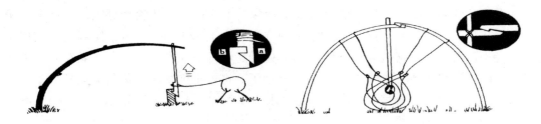

**图 6-7　吊套陷阱**

冬季山林地捕捉野兔很容易,深雪时辨识出新鲜足迹,徒手就可捉到。可以将刀绑在木棍上,也可以用竹子制成锐利的竹矛竹刀,来狩猎或自卫。用竹和藤可以制成弓箭。

4. 蛇类的捕捉

(1)地点选择

蛇类常隐藏在草丛、林木、石缝间、或沟塘边,夏秋两季四处觅食。通常蛙类活动的地方,便是蛇类出没的地方。晚秋时,蛇准备入洞过冬,则蛇类较集中,易于捕捉。蛇的食性不同,活动地点也不同。如眼镜蛇捕食鼠类、蛙类,多在山坡、田间、沟边活动;银环蛇喜食黄鳝、泥鳅、水蛇,常见于水田边、水沟边或塘边;竹叶青蛇能捕食小鸟,经常栖息在竹或树上。

(2)捕蛇方法

捕蛇可采用木叉法、泥压法、索套法等方法。

①木叉法:用于捕捉较大的蛇。可用树枝做一木叉,木叉柄的长短,必须以捕蛇者俯身后两手能够捉到蛇的颈部为宜。捕蛇时先叉住蛇的颈部,然后立即俯身用胸抵住木叉柄,再用一只手抓住蛇的颈部,另一只手握住蛇的后部,即可捉住或将其弄死。

②泥压法:用于捕捉在地面或石头上活动的小蛇,拿一大块黏泥,用力向蛇摔去,蛇粘在地上或石头上一时不能逃走,立即捕捉。

③索套法:用于捕捉在乱石、草丛间或地上翘起头的蛇,或者盘绕在竹子或树上的蛇。在竹竿的一端打通一个洞,穿过一条具有一定硬度和弹性的细尼龙绳或细塑料绳,做成一个活动圈套,用手拿着竹竿和绳索的另一端,从蛇的背后,将活套对准蛇的头部迅速套住,随即拉紧活套,缚住蛇颈。

④直接捕捉:直接用手捕捉,最好先捉住蛇尾,将其提离地面,然后迅速握住蛇的颈部,但不要太用力,特别是较大的蛇,这样可以减少蛇的反抗挣扎。若是毒蛇,可紧握蛇尾,用力甩几圈,以防蛇头弯过来咬人。

捕蛇应特别注意防止咬伤。有条件最好穿高统皮靴或厚布鞋袜,戴皮质或厚布手套。

在树林或竹丛中捕蛇时,要戴上帽笠,以防树上毒蛇的袭击。

### (三)加工食用猎物

在遇险条件下,最好每天能吃一顿热食。熟食具有调理肠胃,消毒杀菌,营养易吸收的特点。但在许多情况下,生存者往往没有加工食物的炊具,下面介绍几种简便、有效的食物加工方法。

1. 篝火烤食

削几支长约 50 cm 的短棍,把肉切成小片穿在上面;鱼可从嘴部穿入,整条穿在棍上;蛇剥皮后,缠绕在木棍上。然后把肉(鱼)拿到火上烤 1 min 左右,使其表面结成焦皮,以免肉汁流出,再把短棍移到距火稍远处烘烤,可斜插在火旁。肉要勤翻转,大约 5~15 min 即可烤熟,最后加入少许盐就可食用了。也可将肉块涂上佐料夹在竹夹子里放在炭火里(不可用明火)翻烤,待肉不滴油,水气收干时,再在肉上涂油(1~2 次),继续烘烤,一般 30~50 min 烤熟。

2. 炭火烤食

将肉块(小动物只要剖腹去掉内脏即可)、鱼(不用刮鳞)或禽鸟(切去头、尾和翅膀)用和好的泥包裹起来,厚约 3~5 cm,放在火中盖上一层木炭。鱼或禽鸟约需 45 min 便可烤熟,大型动物则需要很长时间,将其放在火坑中烤一整夜。烤熟之后,将泥土外壳剥掉,皮或鳞随之脱离。

3. 热石蒸食

找两块扁平的大石头(不宜用石灰岩)放入火中,一块叠在另一块之上,中间用小石块隔开;待石头烧得非常热后撤去火,扫去石上的灰烬,把肉搁在两片大石头中间烘烤。或挖一个约 30 cm 深的坑,铺上树叶,放入拳头般大小的烧烫的石头,在其上铺上大片的树叶或者藤叶,上面放要烤的肉类或番薯,其上覆盖树叶,加少量的水,再排上一层烧烫的石头,上面铺上厚厚的树叶压住,4 h 之后即可取食。

4. 土坑烤食

挖一个直径约 50 cm,深约 30 cm 的土坑(土坑大小依动物大小而定),在坑底铺上拳头大小的石块,上面生火;待石块烧热,放入用树叶包裹加调料的肉,再放上石块,在上面生火将石块烧热,待石块冷却肉即熟。贝类用火一烤就会开口,出泡后肉质变硬时就熟了。无盐则可在没熟之前加点海水即可。如果没有条件生火,也可生食肉、鱼、贝类。

5. 竹子煮食

砍直径约 6 cm,长 30~40 cm 的竹节,放入 1:2 比例的米和水,用布包好并用绳子捆扎开口处(或用草或叶子堵塞),插在火边烤,将竹子烤至冒烟(约 30 min),将竹子劈开就可以食用。

另外,昆虫营养丰富,许多种类的昆虫也可食用,可食用的昆虫包括蜗牛、蚯蚓、蚂蚁、蝉、蟑螂、蟋蟀、蝴蝶、蛾、蝗虫、蚱蜢、湖蝇、蜘蛛、螳螂等。蚁卵也可食;花蜘蛛烧烤后将皮和腿搓去,即可食;蝉、田鳖油炸后也可食。也可用烟熏野蜂窝,去蜂巢后油爆蜂仔。人们对于吃昆虫虽不习惯,但是在万不得已时为了维持生命也要吃,但一定要煮熟或烤透,以免意外。常见的可食昆虫有多种加工方法。蝗虫可浸酱油烤、煮或炒食,螳螂可去翅后烤、炒或煮食，蜈蚣可干炸，天牛幼虫可生食或烤，蜘蛛去脚烤食，蚂蚁可炒食，白蚁可生食或炒食，松毛虫可烤食。

## 第三节　野外取火用火

在野外实习中，火能给我们带来希望和勇气，也能给我们带来温暖和力量，因此在野外实习中火种是必须携带的物品。但有时候随身携带的火种会发生遇水受潮、遗失等情况，那么如何在野外解决取火用火的问题呢？下面介绍几种在野外常用的取火用火方法。（特别说明：天目山是国家级自然保护区规定严禁野外用火，在未经允许或生命受到威胁不得已的情况下不得擅自野外用火。）

### 一、野外取火

在野外进行取火可采用以下方法。

1. 火柴

火柴是最便利的点火工具。可以多携带一些标有"非安全""可以在任何地方划着"标记的火柴，把它们扎成一捆放在防水容器内，防止它们相互摩擦以致自燃，另外也可防止火柴自身变潮。即使火柴受潮，也是有办法补救的。如果头发干燥并且不油腻，可将潮湿的火柴放在头发里摩擦一番，头发产生的静电会使它干燥。另外，通过在火柴上滴蜡可防止火柴变潮。点火时，可用指甲将蜡层剥除。

2. 凸透镜取火

强烈的阳光通过凸透镜聚焦后，可产生足够的热量点燃火种。其中，取火最为迅速的是照射汽油和酒精，可在 $1\sim2$ s 内点燃火种。放大镜、望远镜以及照相机里的凸镜，都可以代替凸透镜来点燃火种。另外，在手电筒反光碗的焦点上放置火种，向着太阳也能取火。在冰雪环境下，将冰块加工成中间厚、周边薄的形状代替凸透镜也是可以的。

3. 击石取火

找一块坚硬的石头做"火石"，用小刀的背或小片钢铁向下敲击"火石"，使火花落到火火种上。一条边缘带齿的钢锯比普通小刀可产生更多的火星。当火种开始冒烟时，缓缓地吹或扇，使其燃起明火。当然并不是任何一块石头都能点燃火种，石头击出的火花必须有一定的热量和持续时间才能点燃火种。

4. 电池生火

若有电量较大的电池，将正负两极接在削了木皮的铅笔芯的两端，顷刻间，铅笔芯就会烧得像电炉丝一样通红，可以以此引燃干燥的苔藓等易燃物。

5. 弓钻取火

用强韧的树枝或竹片绑上鞋带、绳子或皮带，做成一个弓子。在弓弦上缠一根干燥的木棍，用它在一小块硬木上迅速地旋转，这样会钻出黑色粉末，最后，这些粉末会冒烟而生出火花，点燃火种。

6. 藤条取火

找一根干透的树干，一头劈开，并将裂缝撑开塞上火种，用一根长约 70 cm 的藤条穿在火种后面，双脚踩紧树干，迅速地左右拉动藤条，使之摩擦发热而将火种点燃。

7. 其他方法

在平坦的木板上摩擦玻璃片也能生热引火待剧烈摩擦发烫时再将火种吹燃。还可用两块软质的木头或竹片用力相互摩擦取火，下面垫以棕榈树皮或椰子叶底部的干燥物作火种。也可以在一块软木底部刨一条直沟，然后用一根矛状硬木尖端前后"犁"行，这样首先产生火种，最后用其将其他易燃物点燃。

## 二、野外用火

### （一）野外搭灶

在野外搭灶时，要根据风向充分利用当地的地形、地物及所能寻找到的燃料来进行搭建。野外搭灶的方法简易、实用，主要用以烧水、煮饭、烧烤等。通常搭建的野炊灶有以下几种：

1. 三石炉灶

三石炉灶是最简单、历史最悠久的一种炉灶（图 6-8）。搭建三石炉灶时，要取 3 块高度基本相同的石块呈三角形摆放，将锅或壶架在上面，一般情况下锅底或壶底需距地面约 20 cm，如用牛粪燃料高度不宜超过 20 cm，如用木柴则可适当加高。

图 6-8　三石炉灶

图 6-9　吊灶

2. 吊灶

吊灶是将锅或壶吊挂着的一种灶。具体搭建方法是：找两根上方有杈的树枝，将其平行地插在地上，在两根树杈的中间（即有杈部位）横架一木棍或树枝等，将锅或壶吊挂在木棍上，在其下方生火（图 6-9）。另外，还可用石块垒成一道"U"形墙，在其上架一木棍，将锅或壶吊挂在木棍上，在木棍的下方生火，"U"形墙的开口应向迎风方向，以利于燃料燃烧。

3. 木架灶

木架灶是指用较粗的树枝架起的炉灶。在森林地区有时找不到合适的石块，就可用木架灶（图 6-10）。具体搭建方法是：找 4~6 根长 30~40 cm 的粗树枝（最好是新鲜的或湿树枝，可作木桩用），将其一端用刀削尖，按所用锅或壶的底面积，组成一个正方形或六角形钉在地上，将锅或壶架在木桩上，在锅或壶的下方生火。

4. 坑灶

在即无合适的石块又无树枝的情况下，也可在地上挖坑灶(图6-11)。坑灶的修建方法是：在地面上挖一个深20~30 cm、长约120 cm、宽30~40 cm的斜形穴坑，坑口开向迎风方向。用木棍或树枝架在坑的两边用土堆起的土包上，将锅或壶吊在木棍或树枝上，锅底或壶底与坑底之间的距离需在20 cm以上，在坑底处生火。

图6-10　木架灶

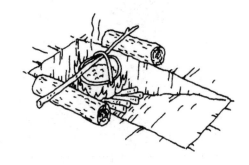

图6-11　坑灶

## (二) 篝火搭建

燃烧篝火是为了取暖抗寒、驱蚊防兽、蒸煮烧烤等。燃烧篝火时，应选择避风、平坦、安全之处。燃料宜选用粗大的木柴或树枝，便于长时间燃烧。放置时，木柴之间要留有一定的空隙，使空气流通、篝火旺盛和燃烧充分。

1. 屋棚形篝火

横放一根较粗的原木，上面斜搭几根较细的干木头(图6-12)，一边烧一边挪动，使所烧木料的一头始终靠在原木上。

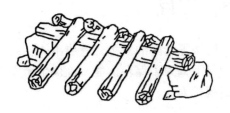

图6-12　屋棚形篝火

图6-13　星形篝火

2. 星形篝火

把5~10根原木的一头，并拢如星形(图6-13)，从中心点燃，然后一边烧一边把原木向里推，这种篝火热量很大，适合人多时使用。

3. 井字形篝火

叠放井字形篝火十分简单，只要把木料按不同的朝向叠放即成(图6-14)。叠放好后，如同一个"井"字。生火时，可在井字口里放置一些小树枝，以利于燃烧。

图 6-14　井字形篝火　　　　　图 6-15　圣殿篝火

4. 圣殿篝火

如果地面潮湿松软或积雪深厚，则需要搭建一个高出地面、悬在空中的平台，这就是所谓的"圣殿"（图 6-15）。这种炉台由一个高出地面的平台（由刚砍伐的新鲜木材建造）构成。四根木桩竖直，叉点上横担着木棍，在上面放置一层圆木棍，再覆盖几层土或石头，才可在上面生火。成对角线的两根最长的直木上横担一根木棍，用来悬挂锅等器皿。

5. 风中生火

如果风力强劲，可以挖一处壕沟生火，也可采用以下方式：用石块将火堆围住，以使热量散失减慢，保存燃料，石块上可放置器皿烧煮食物。另外，石块散发的热量同样可以用来取暖。注意火堆边不可放置潮湿或带孔隙的石块，尤其是曾经浸泡在水中的石块更要小心，一切有裂隙、高度中空或表面易剥落的岩石都不可使用。如果它们含有水分，则膨胀速度更快，极易爆裂，迸溅出致命的碎片。还要避免使用板岩和其他质地较软的岩石，岩石的质地可通过彼此猛烈撞击检验出来。

## 第四节　野外宿营

野外宿营是指因实习过程中发生迷路、意外伤害等情况的发生，造成不能在规定的时间抵达目的地，在无携带野外相关露营装备的情况下，为了保存体能，确保生命安全，利用野外环境和身边仅有的物品所采取的临时性宿营行为。

### 一、野外宿营地选择

宿营营地的选择是关系全部人员休息和安全的大问题，选择营地时应注意以下事项。

1. 近水

宿营休息离不开水，近水是选择营地的首要考虑因素。因此，在选择营地时应选择靠近溪流、湖潭、河流，以便取水。营地决不能建在河滩上，因为有些河流上游有发电厂，在蓄水期间河滩宽、水流小，一旦放水时将涨满河滩；还有一些溪流，平时水量小，一旦下暴雨，就有可能引起山洪，所以一定要注意防范这种问题，尤其在雨季及山洪多发区。

2. 背风

在野外宿营时不能不考虑背风问题，尤其是在一些山谷、河滩上，必须要选择一处背风的地方扎营。还要注意庇护所门的朝向不要迎着风。同时，背风也是安全用火的考虑。

3. 远崖

宿营时千万不能将营地扎在悬崖下面，这样很危险，一旦刮大风，有可能将山上的石头等物吹下，造成伤亡事故。

4. 平整

宿营的主要功能是保证睡眠，因此，营地应建在平坦的地面或雪面上，而软土或沙地则是更理想的建营场所，若地面有碎石或荆棘应予以清除。

5. 防雷

在雨季或雷电多发区，营地绝不能扎在高地上、高树下或比较孤立的平地上，那样很容易招致雷击。

## 二、野外宿营庇护所搭建

在丛林中过夜，最好不要露宿。因为当人睡着之后，血液循环会变慢，皮肤松弛，对外界的抵抗力会降低，皮肤表面水分蒸发时又带走了热量，会使人着凉受寒，关节酸痛。在林区宿营，可就地取材搭建较严密的庇护所，以防蛇虫的侵扰和暴雨的袭击。在丛林中可充分发挥创造性，利用自然环境以及树木、竹、藤、茅草、芭蕉叶并结合雨布等简易器材，搭建各种各样的庇护所。下面介绍几种庇护所的搭建方法。

1. 屋顶形庇护所

将绳子拴在两棵树之间，或用随身携带的步兵锹等作支柱，用背包带连接，两端固定在地上。然后将方块雨搭在绳子或背包带上，底边用石块压牢即成(图6-16)，也可将数块雨布连接，构成可供4~8人用的大庇护所。这种屋顶形庇护所适合各种地形。

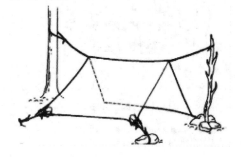

**图6-16 屋顶形庇护所**

2. 一面坡形庇护所

一面坡形庇护所也称一面坡遮棚，这种遮棚通常适用于林区(图6-17)。构筑时，选择两棵树做立柱，然后在距地面1 m处绑一横杆，横杆上斜搭(约45°角)若干竖杆。竖杆上再绑上两条横杆，即可将树枝像铺瓦一样一层层重

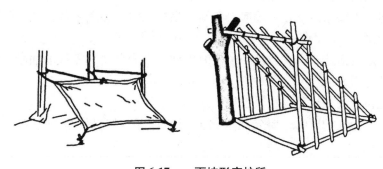

**图6-17 一面坡形庇护所**

叠地搭挂在支架上。庇护所两侧可用树枝遮堵。冬季，在庇护所门口可架设篝火取暖。

3. 岩壁庇护所

如果找不到合适的洞穴，选一个直立的岩壁，用两根木头靠着岩壁支起来，在两根木头之间绑上一些横木，再把雨布、草或树枝批挂在横木上面（其形式与一面坡遮棚大致相同），在下方铺放一些干草或树叶，一个临时栖身的岩壁庇护所即告完成（图6-18）。

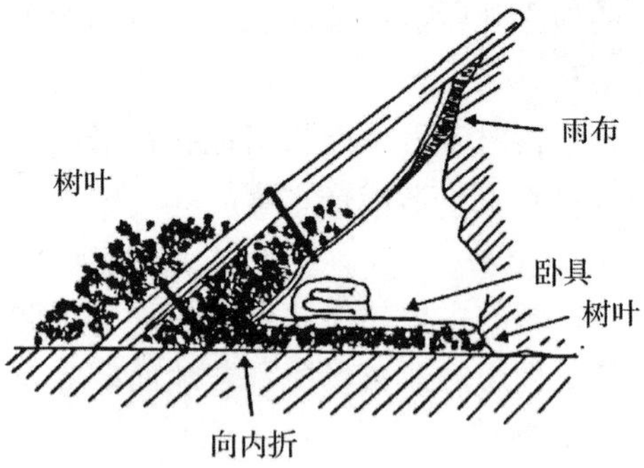

图 6-18 岩壁庇护所

4. 丛林庇护所

在丛林地带，应搭制较严密的庇护所，以防蛇及其他动物的侵扰和暴雨的袭击。通常，庇护所可设置在便于排水的高地。在天气闷热时，高地也常有凉爽的微风。在潮湿和有野兽侵害的地方，可将庇护所在树上（图6-19）。

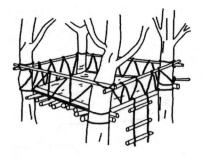

图 6-19 树上庇护所

在丛林中可充分发挥创造性，利用树木、竹、藤、茅草、芭蕉叶并结合雨布、蚊帐等简易器材，搭制各种形式的遮棚。其基本方法是：先撑棚架后盖顶，围墙铺床同时行，最后挖出排水沟，铲除杂草把地平。

搭建庇护所的材料应选用新砍伐质地坚硬的树木枝杆，因为枯木很就会腐烂，而且往往有各种昆虫蛰伏。芭蕉叶或棕榈叶可用来铺盖顶篷。捆扎材料要尽量就地取材，例如，使用藤蔓和软木的内皮，这样可以节省绳子和背包带。

### 三、野外宿营注意事项

①清除营地四周杂草，在其周围挖一道排水沟，并且撒一层草木灰，有条件的话撒一些药水，以防蛇、虫爬入。

②不要捣蚂蚁窝、黄蜂窝。床铺应离开地面 30～50 cm，若打地铺，可用树枝、树叶或细竹垫铺，尽量不要用杂草。临睡前先在地上敲打，清除爬上来的昆虫。醒来时应首先仔细察看身体周围。

③保持庇护所的清洁，所有垃圾必须及时掩埋。因为只要有零星的油脂，就有可能把蚂蚁、蜥蜴、蛇等引来。

④不要火烧鱼骨头，这种气味会把蛇引来。

⑤选择树洞作为庇护所时，要先观察树洞内的情况，如果发现洞内有兽毛或者腥臊味，那就要换个地方。

## 第五节 野外天气观测

在野外实习中应当掌握一些气象基本知识，但是气象知识浩瀚无边，这里只针对野外常用的气象知识进行介绍。一旦到了野外，我们只能认识和适应自然。在实习中，除了遇到雷雨、暴风雪等情况应当停止工作、就近休息外，其他情况均可以继续行动。同时，在野外实习中可以根据天气观测的情况及时做好预防和处理工作，以保障野外实习的安全和工作的安排。

### 一、山区气候特点

山区的特殊地形能使风、温度、降水等物理现象产生重大变化，往往会给野外实习人员造成威胁。

#### （一）风

在山区，气流白天由谷地吹向平原或山坡，夜间由平原或山坡吹向山谷，前者称为谷风，后者称为山风。这是由于白天山坡受热快，温度高于山谷上方相同高度的空气温度，坡地上的暖空气从山坡流向谷地上方，谷地的空气则沿着山坡向上补充流失的空气，空气由山谷吹向山坡，形成谷风。夜间，山坡因辐射冷却，其降温速度比相同高度的空气较快，冷空气沿坡地向下流入山谷，形成山风。这也就是我们在野外实习中，行走在山脊或在山顶时能感觉到凉爽、有风的原因。

1. 上坡风

上坡风是由山地温差的变化而引起的，夜间冷空气向下坡倾泄和白天暖空气向山上爬升。上坡风大多出现在日出之后 15～45 min，并在正午或地面受到的太阳照射最强时达到最大风速。一般而言，南坡太阳照射强烈，因此上坡风较强，北坡则无上坡风出现。上坡风通常直向山涧和峡谷里钻。当天空有飘动的云团时，太阳光的时隐时现能够像"开关"一样控制上坡风的发生和停息。

2. 下坡风

下坡风相对较为温和而稳定，多发生在近地表面，在日落之后的 15～45 min 内开始起风，一直到次日的日出，从山顶刮向峡谷的底部。下沉风，即"冰川风"，是一种特殊的下坡风，往往出现在冰川上。不受昼夜变化的影响，因为冰川的表面温度总是低于其上方的空气温度，所以下沉风总是沿着下坡刮起。但在冰川向斜坡延伸的末端处，也会出现上坡风，这种风的强度往往受冰川范围大小的影响。

3. 峡谷风

峡谷风是受地形控制的风，也是上坡风与下坡风的混合风，主要出现在斜坡表面有缺口的半封闭式山谷附近。它也受日照温差的控制，即中午多为上谷风，入夜转为下谷风，而且山谷风往往会出现极强阵风状态。

4. 旋风

旋风也是山区常见的风，每当地面有显著变化而四周的风很强时，就会产生旋风。在大多数情况下，旋风具有瞬时特征且多形成在背风坡。

5. 风力与自然现象

不同的风力等级可引起不同的自然现象，风力引起的具体现象见表6-1。

表6-1 风力表

| 风力等级 | 风速（m/s） | 自然现象 |
| --- | --- | --- |
| 0级静风 | 0.0~0.2 | 烟柱直上，水面无波，树叶不动 |
| 1级软风 | 0.3~1.5 | 弱而无力，烟随风去，树叶微动 |
| 2级轻风 | 1.6~3.3 | 人有感觉，树有微响，旌旗始动 |
| 3级微风 | 3.4~5.4 | 细枝摇动，旌旗风展，稻谷摇动 |
| 4级和风 | 5.5~7.9 | 树枝弯动，灰尘四起，纸飘空中 |
| 5级劲风 | 8.0~10.7 | 小树摇动，湖塘起波，庄稼起伏 |
| 6级强风 | 10.8~13.8 | 电线有声，撑伞难行，大树摇动 |
| 7级疾风 | 13.9~17.1 | 迎风难行，全树摇动，大树弯枝 |
| 8级大风 | 17.2~20.7 | 阻力甚大，小枝折断，江河浪猛 |
| 9级烈风 | 20.8~24.4 | 吹坏烟囱，小屋受损，瓦片移动 |
| 10级狂风 | 24.5~28.4 | 行人吹跑，逆风难行，树木刮倒 |
| 11级暴风 | 28.5~32.6 | 破坏严重 |
| 12级飓风 | >32.7 | 摧毁极大 |

## （二）降水

山区存在大量的上升气流，使得空气不断的冷却，所以降水量通常随海拔的增加而增大。在潮湿的热带地区，山区降水量的显著增大，所引发的山洪则是对山区野外实习者的最大威胁。

## （三）雾

山区最常见的天气现象是雾，有时山谷里全天都可能雾气茫茫。雾和云都是由漂浮在空中的小水滴或冰晶组成的水汽凝结物，只是雾生成在大气的近地面层中，而云生成在大气的较高层而已。雾是水汽凝结物，因此应从水汽凝结的条件中寻找它的成因。大气中水汽达到饱和的原因不外两个：一是由于蒸发增加了大气中的水汽；二是由于空气自身的冷却。对于雾来说冷却更重要。当空气中有凝结核时，饱和空气如继续有水汽增加或继续冷却，便会发生凝结。当凝结的水滴使水平能见度降低到1 km以内时，雾就形成了。另外，过大的风速和强烈的气流扰动不利于雾的生成。因此，凡是在有利于空气低层冷却的地区，如果水汽充分，风力微和，大气层结稳定，并有大量的凝结核存在，便最容易生成雾。

## （四）雷暴

野外作业和活动人员特别容易受到山区闪电的袭击，在每年多雨季节，往往出现因雷击而引发的野外事故。由于崎岖的山地地形所产生的上升风使得那里雷暴更加猛烈、频繁。雷暴最初通常是由小块积云开始的，然后迅速发展，经过浓积云发展阶段并进入成熟的积雨云阶段，是一种猛烈的、恶劣而急剧变化的天气现象。

野外实习人员应警惕以下几点：当积雨云开始堆积并且变黑时就有可能发生雷暴；雷暴通常持续时间很短，要保持镇静，不要害怕，躲避在安全的地方；闪电的危险性在于击穿物体和人体引起火灾，以及所发出的雷声震破人的耳膜。

### （五）温度

天气条件能使体温升高或降低从而影响人的健康。对人体影响最大的三个天气因素是温度、风速和相对空气湿度。

在寒冷的条件下，气温和风对人体的影响是分不开的，两者往往同时使人失去热量，而且湿透的衣服保温值会下降90%。所以，要在寒冷的环境里生存下来，简而易行的办法就是保持适当的运动而又不出汗。在炎热而潮湿的环境中，人会出现疲劳、头痛、食欲减退、失眠、严重脱水以及全身乏力、热痉挛等症状，应注意避开在这种气候条件下的野外活动。

气温对于野外实习者来说是十分重要的。在山区，气温随海拔高度的增加而降低，这种变化在夏季约为冬季的两倍。山峰上的空气相对湿度比山谷里高得多，在这种情况下，大多数衣服是温度的不良绝缘体，所以，在冬季要使身体温暖、在夏季保持凉爽都是不易的。一般来讲，垂直高度每上升100 m，气温平均下降0.6℃，这种气温变化规律可供户外活动者参考。

## 二、天气变化的一般规律

### （一）天气变化的征兆

1. 天气变好的征兆

①白天时，谷风一般自下而上吹，在夜间则正好相反，一般从峰顶吹向山谷下方。
②白天（特别是早上）可见山口一朵朵的云团逐渐分化为雾气，并逐渐消散。
③傍晚日落时，在西方山谷上空出现一片片橙色或玫瑰色晚霞（火烧云）。
④傍晚时山下有雾，而且天气较凉（入夜寒），说明第二天天气可能较好。
⑤清晨草地见有露水或霜冻。
⑥星光稳定，很少闪烁。

2. 天气变坏的征兆

①白天谷风从山顶吹向山谷，夜间从山谷吹向山顶。
②早晨出现绢云，而后黑云增多，并徐徐下沉。
③云团行走很快，并有增多的趋势，这可能是暴风雨的前兆。
④风向突然变化，并越来越大，同时还伴有乌云吹来。
⑤在干热或雾气弥漫过后，突然能见度转好。
⑥清晨雾满山谷，至晚仍不消散。

⑦白天太阳周围出现大晕圈，夜间月亮周围出现小晕圈，这是大风的征兆。
⑧在黎明前星光闪烁不定。
⑨傍晚气温升高，夜间闷热。
⑩半山谷的云雾上升，可能是暴风雨将来的征兆。

### 三、天气的预测

了解上述有关气象的基本知识对掌握山区气候特点，应对天气变化会有一些帮助。但在野外，更多的是预防规避风险，这就需要我们了解一些天气预测方面的知识。许多常年从事野外工作的前辈或者生活在山区的当地人，都能够通过肉眼准确判断天气的变化，从而大大降低了野外作业的风险。那他们是怎么做到的呢？其实他们也是通过观察太阳、月亮、云等自然现象的变化从而做出经验判断的。下面以这些为例和大家分享一些天气预测方面的经验和民俗谚语。

**（一）看太阳**

①日落西山一点红，半夜起来搭帐篷。　②日晕三更雨，月晕午时风。
③早看青山，晚看日落。　④乌云接日头，天亮闹稠稠。
⑤日头出得早，天气难得好。　⑥日返红，雨落没蟹洞。
⑦红日雨，白日风，明星月朗大晴空。　⑧太阳咧嘴笑，晒得老猫叫。
⑨太阳中午现，三日不见面。　⑩日落胭脂红，无雨便是风。
⑪日落黄澄澄，明日刮大风。　⑫日落西山满天红，不是雨便是风。
⑬东方太阳白，就要有风发。　⑭爬墙出日头，要发西北风。
⑮日出太阳黄，午后风必狂。　⑯日月有风圈，无雨也风颠。
⑰日落三条箭，隔日雨就现。　⑱日出挂红，当天就晴。
⑲日落灰色，次日有风。　⑳日出血红天气热，中午转冷有西货（冰雹）。
㉑日出东方红，近期不雨也有风。　㉒日出黑云生，不雨也刮风。
㉓日出云夹日，变天不过三五日。

**（二）看月亮**

①月亮周围有圆圈，刮风就在明后天。　②月亮撑红伞，大雨在眼前。
③月亮撑黄伞，小雨一两天。　④月亮撑黑伞，多半是晴天。
⑤月打洞，落雨像闸水冲（月亮周围有圈云）。　⑥月亮长毛，大水冲成潮（月亮周围有高层云）。

**（三）看星星**

①星星水汪汪，下雨有希望。　②晚上看见星星月亮，明天会有大太阳。
③星星稠，雨点流。　④久雨见星光，明朝雨更狂。
⑤星星发红，阴雨定成。　⑥星星布满天，明日大晴天。
⑦星星眨眼，下雨不远；星星闪烁，风力变强。

## (四)看云

千百年来,我国劳动人民在生产实践中根据云的形状、来向、移速、厚薄、颜色等的变化,总结了丰富的"看云识天气"的经验,并将这些经验编成谚语。在这里我们将这些有关谚语汇总在一起,供大家参考。

(1)天上钩钩云,地下雨淋淋

钩钩云在气象上称作钩卷云,一般出现在暖锋面和低压的前面。钩卷云的出现说明锋面或低压即将到来,是雨淋淋的先兆。但是,雨后或冬季出现的钩钩云,则会连续出现晴天或霜冻,所以又有"钩钩云消散,晴天多干旱""冬钩云,晒起尘"的谚语。

(2)炮台云,雨淋淋

炮台云是指堡状高积云或堡状层积云,多出现在低压槽前,表示空气不稳定,一般隔 $8\sim10$ h 左右出现雷雨。

(3)云交云,雨淋淋

云交云指上下云层移动方向不一致,也就是说云所处高度的风向不一致,常发生在锋面或低压附近,预示有雨。有时云与地面风向相反,则有"逆风行云天要变"的说法。

(4)江猪过河,大雨滂沱

江猪是指雨层云下的碎雨云,这种云的出现表明雨层云中水汽很充足,大雨即将来临。有时碎雨云被大风吹到晴天无云的地方,夜间便看到有像江猪的云飘过"银河",也是有雨的先兆。

(5)棉花云,雨快临

棉花云是指絮状高积云,出现这种云表明中层大气层很不稳定,如果空气中水汽充足并有上升运动,就会形成积雨云,将有雷雨降临。

(6)天上灰布悬,雨丝定连绵

灰布云是指雨层云,大多由高层云降低加厚发展而成,范围很大、很厚,云中水汽充足,常产生连续性降水。

(7)云往东,车马通;云往南,水涨潭;云往西,披蓑衣;云往北,好晒麦

根据云的移动方向来预测阴晴,云向东、向北移动,预示着天气晴好;云向西、向南移动,预示着会有雨来临。云的移动方向,一般表示它所在高度的风向。这一谚语说明的是云在低压内不同部位的分布情况,适用于密布全天、低而移动较快的云。

(8)乌云接落日,不落今日落明日

指太阳落山时,西方地平线下升起一朵城墙似的乌云接住太阳,说明乌云东移,西边阴雨天气正在移来,将要下雨。一般来说,如接中云,则当夜有雨;如接高云,则第二天有雨。但如西边的乌云呈条块状或断开,或本地原来就多云,那就不是未来有雨的征兆。

(9)西北天开锁,明朝大太阳

指阴雨天时,西北方向云层裂开,露出一块蓝天,称"天开锁"。这说明本地已处在阴雨天气系统后部,随着阴雨系统东移,本地将雨止云消,天气转好。

(10)太阳现一现,三天不见面

指春、夏时节,雨天的中午,云层裂开,太阳露一露脸,但云层又很快聚合变厚,这表明本地正处在准静止锋影响下,准静止锋附近气流升降强烈、多变。上升气流增强时,云层变厚,降雨增大;上升气流减弱时,云层变薄,降雨减小或停止;中午前后,太阳照射强烈,云层上部受热蒸发,或云层下面上升气流减弱,天顶处的云层就会裂开。随着太阳照射减弱,或云层下部上升气流加强,裂开的云层又重新聚拢变厚。因此,"太阳现一现"常预示继续阴雨。这句谚语和"太阳笑,淋破庙""亮一亮,下一丈"等谚语类同。

(11)天上鲤鱼斑,明天晒谷不用翻(瓦块云,晒煞人)

鲤鱼斑是指透光高积云,产生这种云的气团性质稳定,到了晚上,一遇到下沉气流,云体便迅速消散,次日将是晴好天气。但是,如果云体好像细小的鱼鳞,则是卷积云,这种云多发生在低压槽前或台风外围,近期会刮风或下雨,所以又有"鱼鳞天,不雨也风颠"的谚语。

(12)云往东,刮阵风;云往西,披蓑衣

这里所指的云,是指低压区里的低云。低压是自西向东的(实际上往往是自西南向东北移动)。云往西,说明该地处于低压前部,本地将因低压移来而降雨;云往东,说明低压已经移过本地,本地处于低压后部,天气即将转晴,转晴之前常常要刮一阵风。

(13)云钩向哪方,风由哪方来

云钩是指钩卷云的尾部,出现在高空,有时上端有小钩,也有排列成行的。上端小钩所指,是高空风的方向,而高空风往往又与地面相连,所以根据云钩方向大体可测知风的来向。

(14)早上乌云盖,无雨也风来

是说早晨东南方向有黑云遮日,预示有雨。因为早晨吹暖湿的东南风,温度较本地空气为高,形成上冷下热,水汽易上升成云,再加上白天地面受热,空气对流上升,更促使云层抬高,水汽遇冷成水滴,从而可能使天气变为不风即雨的情况。

(15)黄云上下翻,将要下冰蛋

黄云多是指暖湿空气强烈上升所致,出现这种情况多降阵雨与冰雹。

(16)山戴帽,大雨到

山戴帽是指气压低,空中水汽多在山顶形成云层。至于是否会降雨,一般要视情况而定,如云逐渐降低且加厚,降雨的可能性大;反之,云逐渐抬升变薄,下雨的可能性就小。

(17)云吃雾下,雾吃云晴

见到雾之后来了云,可能低气压要来临,是要下雨的兆头;反之,如云消雾起,表示低气压已过,晴朗天气即将来临。

(18)日落射脚,三天内雨落

是指太阳从云层的空隙中照射下来,称"日射脚",傍晚出现日射脚,说明对流作用强烈,预示有雨。

(19)早霞不出门,晚霞行千里

早晨东方无云,西方有云,阳光照到云上散射出彩霞,表明空中水汽充沛或有阴雨系统移来,加上白天空气一般不大稳定,天气将会转阴雨;傍晚如出晚霞,表明西边天空已放晴,加上晚上一般对流减弱,形成彩霞的东方云层,将更向东方移动或趋于消散,预示着天晴。

(20)久晴大雾阴,久阴大雾晴

指久晴之后出现雾,说明有暖湿空气移来,空气潮湿,是天阴下雨的征兆;久阴之后出现雾,表明天空中云层变薄裂开消散,地面温度降低而使水汽凝结成辐射雾,待到日出后雾将消去,就会出现晴天。

(21)清早宝塔云,下午雨倾盆

在暖季的早晨,如天边出现了堡状云,表示这个高度上的潮湿气层已经很不稳定,到了午间,低层对流一旦发展,上下不稳定的层次结合起来就会产生强烈的对流运动,形成积雨云而发生雷雨。所以有"清早宝塔云,下午雨倾盆"的谚语。

此外,云的颜色也可预兆一些天气的发生,如冰雹云的颜色先是顶白底黑,而后云中出现红色,形成白、黑、红色乱绞的云丝,云边呈土黄色。黑色是阳光透不过云体所造成的,白色是云体对阳光无选择散射或反射的结果,红黄色是云中某些云滴(直径 $1 \sim 10~\mu m$)对阳光进行选择散射的现象。有时雨云也呈现淡黄色,但云色均匀,不乱翻腾。

**(五)看动物**

(1)看蜘蛛

晴天的下午,蜘蛛若大量结网,预示在今后的一二天内将会有雨。网结得结实,风雨较大,反之,则较小。雨后结网则意味天要转晴。

(2)看蚯蚓

如果蚯蚓是在春夏季节爬出土外,常常预示有大雨到来。

(3)观鱼

夏季傍晚,鱼塘中若有鱼儿乱蹦出水面的"跳水"现象,预示将有雷阵雨到来。

(4)观青蛙

天气将转雨前,空气中湿度较大,青蛙皮肤较湿润,青蛙的叫声较小,频率也低;风雨将来临时,更听不到蛙鸣;晴天时,青蛙叫声响亮。

(5)看鸡鸭

鸡归窝早,第二天一般是晴天;反之,在天快黑时才进笼,天气将转坏。鸭与鸡的表现却相反,鸭是喜水动物,鸭进笼早,意味天气要转坏;反之翌日是晴天。

(6)燕子、蜻蜓

两种动物低飞都是要降雨的征兆,这由气压降低所致。

# 第六节 野外求救

在野外,生存环境非常恶劣,各种灾难往往会不期而至。对野外生存者来说,及时了解自己所面临的困境，通知别人进行救援是非常重要的。当你在野外处于求生困境时，首先要考虑的问题就是如何与外界取得联系获得救援。作为一个求生者，必须能够使用各种方式发出信息，使外界或救援队伍容易接收获得信息。选择何种求救方式，与所处的环境有很大关系。在不同的环境下应使用不同的求救方式。

### （一）火

在黑暗中，火是最有效的求救手段。国际通用的求救信号为点燃三堆火（图6-20），使三个火堆呈三角形；或者排成一条直线，每堆火之间的距离大约20 m。如果条件允许，应尽快将火堆生好，并小心看护避免火堆熄灭。如果是孤身一人，或者木材等燃料稀缺，应保护好一堆火。生火应选择在空旷地，周边易燃的树叶等需进行清理，避免引起森林火灾。（特别说明：天目山作为国家级自然保护区规

图6-20　利用三堆火发出求救信号

定禁止野外用火，因此，在未经允许和生命受到威胁万不得已的情况下不得擅自使用明火。）

### （二）烟

国际通用的受困信号是三柱烟（图6-21）。当你在野外受困点燃烟柱求救时，应注意尽量使烟雾的颜色和周围的背景颜色有区别：如果背景是浅色的，应使用黑烟，反之应使用白烟。在火堆中加入一些新鲜的树叶、草、苔藓或者其他潮湿的绿色植物都会产生白烟；如果在火中加一些橡胶、汽油或浸过油的碎布则容易产生黑烟。

图6-21　利用三柱浓烟发出求救信号

图6-22　利用反射光发出求救信号

### （三）光

在晴朗的白天，光线是很好的求救信号。求救人员可以利用镜子或者磨光的水杯、金属物反射阳光，将反光集中在一个点，以便于救援人员发现（图6-22）。

### （四）声

如隔得较近，可大声呼喊或用木棒敲打树干，有救生哨作用会更明显，三声短三声

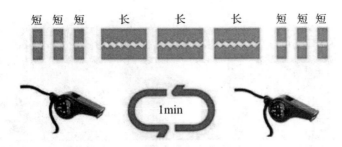

图 6-23 利用声音发出求救信号

长,再三声短(图 6-23),间隔 1 min 之后再重复。

### (五)国际通用救援信号

SOS:是国际通用的紧急求救讯号。实际上在无线电通信中表示"紧急求救"的信号是"三短三长三短",由于在摩尔斯电码中三短代表 S,三长代表 O,所以紧急求救信号就被简称为 SOS(图 6-24)。由于这个信号简单明了,因此被世界各国所采用。

图 6-24 利用地面摆放 SOS 发出求救信号

### (六)留下信息

当离开危险地时,要留下一些信号物(图 6-25),以备让救援人员发现。地面信号物可使救援人员了解你现在的位置或者去过的位置,方向指示标有助于他们寻找你的行动路径。一路上要不断留下指示标,这样做不仅可以让救援人员追寻而至,在自己希望返回时,也不致迷路。如果迷失了方向,找不着想走的路线,它也可以成为一个向导。野外路标包括:

①将岩石或碎石片摆成箭形。
②将棍棒支撑在树杈间,顶部指着行动的方向。
③在卷草中的中上部系上结,使其顶端弯曲指示行动方向。
④在地上放置一根分叉的树枝,用分叉点指向行动方向。
⑤用小石块垒成一个大石堆,在边上再放一小石块指向行动方向。
⑥用一个深刻于树干的箭头形凹槽表示行动方向。
⑦两根交叉的木棒或石头意味着此路不通。

图 6-25  野外信号物

**思考题**

1. 简述野外找水的方法。
2. 简述在野外如何识别有毒植物。
3. 简述两种野外取火的方法。
4. 简述野外宿营地选择的方法和野外宿营的要求。
5. 列举野外天气变坏的征兆有哪些。
6. 简述野外求救的方式和方法。

# 第七章　野外行走和穿越技术

> **导言**：在野外实习过程中，需要连续不断地在不同路况上行走和在特殊地形地貌环境下穿越来完成实习的任务，甚至有时还会走不寻常的路，会经过各种危险区域或地段，此时，丰富的经验和精湛的技术对野外实习者来说就显得格外重要。学会在野外正确行走和穿越不仅仅可以保障野外实习安全，还可以大大提高野外实习的效率。本章共分四节，分别为野外行走、野外穿越、野外行走和穿越中的绳索技能、野外迷路的应对。

## 第一节　野外行走

### 一、野外行走技术要领

#### (一)野外行走动作要领

野外行走不仅仅是腿部运动，而是一种全身运动，要注意通过摆臂来平衡身体，调整步伐。控制节奏，最好的行走速度是走而不喘，脉搏每分钟尽量不要超过120次，背部肩沉背挺，用腹部深呼吸，全脚掌触地，从脚跟到脚尖位移，任何时候(特别是在感觉累、身体沉重时)都要按自己的行走节奏去走，不要时快时慢、时跑时停，应尽量保持匀速。刚开始行走可以放缓一点，让身体每个部分都先预热，有一个适应的过程，5~10 min 后再加快步伐。

上坡时，重心应在脚掌前部，身体稍向前倾；下坡时，重心放在后脚掌，同时降低重心，身体稍微下垂。无论上坡下坡，对于坡度较大的，应走"之"字形，尽量避免直线上下，这是一种相对安全的走法。上下坡时，手部攀拉的石块、树枝、藤条，一定要先用手试拉，看看是否能够受力，再去做其他攀爬动作。

#### (二)野外行走安全距离

从安全角度出发，队员在行走时之间应该保持合理的距离，一般为 2~3 m，这样可以避免有人因各种原因暂停时(如系鞋带、脱衣服、喝水等)影响后面的队员。暂停队员与前进队伍也不应互相影响，一般情况下，暂停队员靠右边停留，前进队员从左边跨过。当与迎面而来的其他队伍相遇时，也应按照右行规则，礼貌相让通过。暂停人员与队伍的安全距离一般在白天不能超过 10 min 或者 200 m 以内，夜晚必须在 5 min 或者 20 m 以内。在行走中，要养成良好习惯，集中精力行走，不要边走边笑，打闹嬉戏，更不能大声歌唱，这样不但会分散其他队员的注意力，同时还会消耗自己的体能。

### (三) 野外行走休息要领

野外行走时，休息也要讲究方法，一般是长短结合，短多长少。途中短暂休息应尽量控制在 5 min 以内，并且不卸掉背包等装备，以站着休息为主，调整呼吸；长时间休息以每行走 60~90 min 休息一次为好，休息时间为 15~20 min。长时间的休息应卸下背包等所有负重装备，先站着调整呼吸 2~3 min，才能坐下。不要停下来就坐下休息，这样会加重心脏负担。休息时，可以自己或者队员之间互相按摩腿部、腰部、肩部等处肌肉，也可以躺下，抬高腿部，让充血的腿部血液尽量回流心脏。谨记：休息是主动的、积极的，而不仅仅是躺下休息这么简单。

### (四) 野外行走饮水要领

野外行走时应带足饮用水，每人每天约携带 3 L 饮用水，还应根据天气情况增减，宁多勿少。如果途经溪流、湖塘、沟河，一定要先观察水源的水质情况，是否有人畜活动，是否有动物尸体漂浮于水中或倒于水旁，有无粪便、毛虫污染，是否发黑发臭。根据观察到的情况，采取沉淀、过滤、离析等方法处理后才能饮用。一般情况下，最好先用少量水珠涂擦嘴唇，等过 3~5 min 后，嘴唇不发麻发痒、无臭无味再饮用。野外补充的水，有条件的话最好煮沸 5 min 后再饮用。喝水要以少量多次为原则，喝水也是主动的，不要等口渴了才被动喝水。每次喝两三小口为好，太口渴了可以缩短喝水的时间，增加喝水次数。一次喝水太多，身体吸收不了，不仅浪费宝贵的水源，而且增加心脏的负担。一般的野外行走消耗水分的补充方式最好是每 15 min 250 mL 为好。正常的行走时，排尿应该每 4 h 排 1 次，并可以通过观察排解尿液的颜色，了解自己体内水分脱失状况。尿液呈深黄色，微感口渴，脉搏速度正常为轻微脱水症状；尿液呈暗黄色，口内黏膜干燥、口渴，脉搏速度加快但弱为中度脱水症状；重度脱水症状为无尿液，脸色皮肤苍白，呼吸急促，口渴昏睡，脉搏快而无力，很弱。

## 二、各种野外地形行走技巧

### (一) 简单路面行走

公路、马路、石板路的路面较硬，行走时不宜步幅过大，不宜脚掌用力着地，以防过早疲劳和脚掌、脚趾打泡。在田埂小路上行走时，步幅要小，有时可两臂伸开保持平衡。阴雨天，两脚掌稍向外，以防滑倒。在软地、河滩行走时，要全脚掌落地，步幅要小、着地要轻。

### (二) 山地行走

1. 山地行走一般方法

山地一般坡面陡峻，地形复杂，谷狭岭窄，崖高石多。山地行走应有路走路，在无路可走时，可选择纵向的边缘以及树高林稀、草丛低疏、空隙大的地形行进。一般不要走纵深大的深沟峡谷和草丛繁茂、藤刺交织的地方，尽量走梁不走沟，走纵不走横。

## 2. 复杂陡峻山地行走方法

在复杂陡峻的山地行走时，要判断和选择有利地形通过。一般情况下，应该避开高坎、壕沟，避开藤刺交织、蛛网密集、草高茅深的地带，避开碎石坡。在攀爬30°以上的坡时，直线上行容易吃力，不容易踩稳双脚，可采取"之"字形上升法行走。攀登生长有树木的陡坡时，一边用手抓住树木引身向上，一边将脚移至树的根部稳住身体。下陡坡时，为防滑倒，应待脚跟站稳后，再松开抓住树木的手。也可采取坐在地上，身体往后仰，两臂伸开用手抓住两边的树木、岩石，两脚慢慢前伸，待脚落地并踩稳后再松手。南方多竹林，下竹林陡坡时，因竹叶铺地光滑，应先伸手抓住竹子，使身体依靠竹子的牢固性稳住后，再移动脚靠上去，依次而行。采取这种方式行走，既不会滑倒，又有一定速度。攀登生长杂草或小灌木的陡坡时，注意不要乱抓草蔓，以免连根拔出或枝断使人摔倒。若不小心滑倒，应立即面向山坡，张开两臂，以减低滑行速度。除密林外，不要面朝外坐，因为那样会滑得更快，在较陡的斜坡上还容易发生翻滚。

## 3. 岩石坡攀登方法

在野外行走有时会遇到岩石坡，但需要通过攀爬才能通过。因此，在攀爬岩石坡之前，应对岩石进行细致观察，仔细识别岩石的质地和风化程度，然后确定攀登的方向和通过的路线。

如果岩石坡高耸光滑，最好采取其他路线绕道走，盲目攀爬不但无效，还会造成危险。但有些陡峭的岩石坡往往有一条或多条林带顺着岩缝或岩谷直伸峰顶，沿着林带攀爬一般比较安全。攀爬长有稀疏草木的陡峭岩石壁时，如需抓住山崖上的小树助力，一定要仔细挑选根基扎实的树。有的树木枯死后，树干上长有青苔或被青藤缠绕，仍像活树，如果不仔细观察就靠它助力登爬，是非常危险的。遇到这种情况时，可靠的方法是先用手试试这棵树是否经得起拉拽，如果树干枯朽，树根松动，说明此树不足以借力。

# 第二节　野外穿越

## 一、丛林穿越

丛林是陆地上大片生长的茂密树林。根据地球上不同的气候区，可将丛林分为热带雨林、亚热带雨林、温带雨林等类型。不同的森林虽具有不同的特征，但都与山脉互为依存，并且地形起伏，草木丛生，穿越困难。进入丛林，如果没有指南针和地图，就如同进入茫茫大海，难以分清南北。同时，茂密的树林处处挡住人的视线和去路，如果盲目行动，非常容易被困住。

### (一) 丛林穿越原则

丛林行走的原则是有路走路，有大路就不走小路，因为一旦离开了道路，就难以确定自己所处的位置，增加穿越难度。穿越丛林时，最好穿着长衣长裤，有条件的可进行绑腿，尽量减少皮肤的暴露，以免被藤刺所伤。穿着短衣短裤穿越茂密丛林，虽然干净利落，但通常都会导致遍体鳞伤，是非常不安全的。

### (二)丛林穿越方法

穿越草深林密、难度很大的丛林时,可采取绕、砍、压、打、钻等方法。

(1)绕

尽量选择空隙多、藤刺少、草木稀疏的地形通过。密林中如出现成片平缓的裸露岩石,是通行和休息的好去处,应选择从岩石上通过。

(2)砍

用砍刀砍去阻碍前进的树枝藤刺,开出一条可通行的路。砍刀最好是砍柴刀,刀柄长短以使上劲为准,但用砍刀开路容易消耗体力,如果是团队行动,可互相轮换开路。开路的要领是"刀磨快、把握好、三砍两拨就成道"。

(3)压

穿越深长的杂草区、小灌木丛时,可用长棍横插在草丛、小灌木丛的下部,然后用脚使劲踩住长棍,使长草或小灌木成片倒伏在一边。如果没有长棍,也可用脚直接踩住长草、小灌木的下部使其倒伏。

(4)打

在通过蛛网密结、吊虫悬挂、枯枝挡道、藤刺扑面的丛林区时,适宜采用打的方法,即用木棍、手杖、长竿、长刀等对前面的阻挡物进行拨打清除。

(5)钻

有些丛林区中上层枝繁叶茂、藤刺交织、密不透风,但下层留有空隙,可低头弯腰或匍匐钻过去。如下层也难以穿过,可选择小沟谷通过,因为山地丛林地带的小沟谷因雨水冲刷,一般不长树木或树木稀疏,但沟的两边因受水的滋润,反而植物生长更为茂盛,直至把沟谷覆盖。这样的沟谷如同隧道,用钻的方法最为省时省力。需注意的是,春夏季节需防喜湿的蛇、虫伤害;秋冬季节,小沟通常干涸,但落叶、粉末容易钻进衣领,可用毛巾、衣服包住头部和颈部后再钻,也可用长棍敲打后再钻过去。

### (三)丛林穿越的通过方式

丛林穿越有以下两种方式。

密集通过:即队员在丛林穿越过程中间隔 30~50 cm。

疏松通过:即队员在丛林穿越过程中间隔 150~200 cm,既可以防止队员之间的相互影响,也可以防止荆棘划伤。

## 二、沼泽穿越

### (一)沼泽穿越原则

遇到沼泽最好避开。如果沼泽无法绕行,应手持一个木杖探寻,在坚实的地面或泥水较浅的地点通过。沼泽行进应特别注意观察地貌和植被。草原沼泽中容易陷入的地方往往长有鲜绿的杂草;森林沼泽中容易陷落的地方枯树较多且树木稀疏,遇到这种地方要注意避开。

沼泽中通常由湖泊和老河床形成的池沼危险性最大。池沼中植被丛生,旱陆与水塘结合。池沼中的水面有许多类似地面的湖草、碎叶，泥土混合的漂浮层，这种漂浮层各部分的厚度、强度、支撑力都不一样，因而走在上面极易发生危险。行进时，必须不断用木杖探查漂浮层的厚度、强度，以求安全通过。通过沼泽地时，不要跟着别人的脚印走，因为漂浮层强度有限，若重复踩一个地方就有可能发生陷落。如果必须走一条路，应彼此间保持一定的距离，避免重力过于集中。如果遇到有鲜绿色植物的地方，应避开绕行。这种地方往往湿度大，漂浮层很薄，下面很可能是泥潭。

### （二）沼泽陷落自救和他救方法

如果陷入泥沼，首先不能惊慌挣扎，要甩下背囊装具，身体后倾轻轻躺下。躺下时尽量张开双臂分散体重，扩大身体与泥沼的接触面，以减少身体对泥沼的压强，控制下陷速度。如距离硬地面很近，可利用身体的翻滚，从泥沼中摆脱出来。也可以将身体前倾向前延伸一段距离，攀扶或接近干燥地面及其他附着物，移动身体时必须小心谨慎，每做一个动作都应使泥浆有时间流到四肢底下。如身旁有树根、草叶，可拉它们借力移动身体，不要慌忙，感到疲倦时可伸开四肢躺着不动，这个姿势会保持身体沉不下去。陷入泥沼时应力求自救，在自救无望时，其他随身随行人员才能配合救援。这时陷落者应停止活动，以减缓下陷的速度。救援者要以尽量轻的动作接近者，以防破坏遇险者附近浮草的强度和浮力，而使两者都陷入困境。救援者应垫以树枝，匍匐前进，用木板、树枝铺在遇险者的身边，使之增加浮力，以便设法将其拖到坚实的地段。

## 三、草坡、碎石坡穿越

### （一）草坡、碎石坡穿越的方法和要求

（1）直线法

直线攀登法适用于攀登坡度在30°以下的山坡。上升时身体稍前倾，全脚掌着地，两膝弯曲，呈两脚呈"八"字，迈步不要过大过快。

（2）"之"字形攀登法

攀登坡度大于30°时，采用直线攀登法就比较困难了。因为两脚的脚踝关节不好伸展，容易疲劳，且坡度大，碎石更容易滚落，在攀登时很容易滑倒，或踢落碎石砸伤后面的人。因此，在攀登坡度较大的山坡时均应采用"之"字形攀登法，以减少直线攀登的难度和滑坠的危险。"之"字形攀登法是按照"之"字形的路线左右斜越、盘旋而上的一种攀登方法。采取这种方法攀登时，腿微微弯曲，上体前倾，内侧脚脚尖向前，全脚掌着地，外侧脚脚尖稍向外撇。采用"之"字形行走时应注意向左方转弯时要先迈左脚，向右方转弯时要先迈右脚，这样做可以保持身体平衡。

通过草坡时应注意不要攀抓草蔓，也不要乱抓小树，以免将草根或小树拔出，使人摔倒。在碎石坡上行进时，则应特别注意落脚要实，抬脚要轻，以免碎石滚动而碰伤别人。若前面的人不小心碰翻石块或突然发现有滚石，要立即喊叫，让后面的人避开。在行进中如不小心摔倒，不要惊慌失措，要立即面向山坡，张开双臂，伸直两腿，使身体的重心尽量上移，从而减低滑行的速度，同时要设法寻找攀缘物和支撑物以阻止下滑。滑倒时千万

不要背朝地面，这样会使滑行的速度更快，而且在较陡的斜坡上还容易引起翻滚。

### (二) 下草坡、碎石坡的方法和要求

俗话说"上山容易下山难"，这主要是由于地心引力的作用，下山时人体不易掌握自身的平衡而容易产生翻滚。但只要掌握了下山的技术方法，是很容易安全下到山脚的。在山区人们流传着这样一句话"上山弯腰下山凸肚"。这就是说，上山时上体要前倾，下山时身体要后倾。另外，下山时越是陡坡越要慢行，下山时腿部肌肉会发僵而造成疲劳，如果抬起臀部，以似站非站的姿势下山，则会造成重心后移，容易滑倒。在下坡度小于30°的山坡时，一般是两腿微微弯曲，膝关节放松，用脚后跟先着地，身体重心先放在两脚跟上，而后过渡到全脚掌，将整个身体的重量压在脚上，步子要小而有弹性。在下坡度大于30°的山坡时，则仍需采用"之"字形路线斜着下山。一般是内侧脚用脚掌和脚外侧蹬地，外侧脚用脚后跟和脚内侧蹬地，身体向山坡方向倾斜，以维持身体的平衡。

## 四、野外穿越注意事项

①野外穿越要穿长袖衣裤，以避免荆棘、灌木丛等植物对身体造成伤害。

②在穿越未知区域时，一定要雇用向导或有经验的专业人士进行指导，穿越时要安排有经验的指导老师走在队伍的最前面，同时安排身体素质较好且有经验的老师或同学走在队伍最后面，负责收拢掉队的队员。

③穿越时宜以6~8人为一个小组，每小组要安排一名带队老师并携带急救包；要利用通讯器材（对讲机）保持队伍之间的联系。

④在穿越坡度较大的山坡或临近悬崖及滚石区时要做好保护，保持身体重心的平衡，依次轻巧、快速通过。

⑤穿越丛林时要做好路标，路标的颜色应与大自然颜色有明显的区别，以红色、黄色最佳，也可以用石块做路标，制作的路标应有清晰的指向，且在短期内不会被破坏。

⑥休息时不要大口饮水，而应该小口多次补充水分，同时注意所带的水不要饮完，留适量以备应急。

⑦发生事故或伤病时，同学之间应及时救助，同时应向外界紧急求助。

# 第三节　野外行走和穿越中的绳索技能

## 一、利用单结制作简易安全带

在野外实习的行走和穿越中难免会遇到一些湿滑的陡坡、小岩壁、深沟，甚至要渡河、过险滩等，徒手无保护状态下的通过危险性会很大，极有可能会产生摔倒、滚落、滑坠、冲走等风险。绳索是野外实习的必备装备，通过对绳索进行一些简单的操作，就可以加工成各种临时实用的安全保护装备，可大大提高野外行走和穿越的通过性和安全性。

利用单结制作简易安全带在野外具有很高的实用价值，具体方法如下：用主绳的一端，取双臂伸展后的长度（制作过程中需根据使用者的身高适当延长或缩短）对折成5股，

取中间点打单结即成。完成后将绳子展开，会出现 4 个绳环，将双腿和双臂分别穿入绳环，就变成全身式安全带（图 7-1）。如果绳子不够长，也可以折 4 股，做成 3 个环，双腿分别穿入绳环，上身穿一个环，也可变成全身式安全带（图 7-2）。穿着全身式安全带的同学可以在其他同学利用该绳子的另一长端的保护下安全通过湿滑的陡坡、小岩壁、深沟甚至渡河、过险滩等。

图 7-1　简易全身式安全带（4 环）　　图 7-2　简易全身式安全带（3 环）

## 二、制作简易胸式安全带配合路绳使用

用手接力通过危险地形并不能保证在整个过程当中使通过者都处在绝对有效的保护当中。例如，某些坡度超过 60°的湿滑的坡地采取上升下降和横切动作时，就必须使用简易安全带与路绳相连接的方法才能安全通过。

### （一）上坡或下坡地形的通过

将路绳（登山绳）固定以后，每个需要通过者将自己的野外备用绳子做成整捆的绳圈并留出合适长度的绳尾，将绳圈穿过头、颈部单肩斜挎。将留出的绳尾部分以单绳抓结的方式与路绳相连，这样在人与绳子之间形成双向受力自锁的结合关系（图 7-3）。这种方法可以用于陡坡地形的攀爬和下降，在整个通过过程中可以确保人员在任何时间都处于绝对的保护当中。制作单绳抓结有两个要点，一是同样直径的绳子做抓结圈数一般较多而且一定要试验其有效性；二是抓结的收尾必须用双渔人结，以确保安全可靠。

图 7-3　上坡或下坡地形的通过方法

### （二）横切地形的通过

使用上坡或下坡地形通过的方法将登山绳做成绳圈，在路绳固定之前，将绳圈全部穿入路绳。通过时，每人套上一个绳圈开始横切即可（图 7-4），也可以使用制作抓结的方法来应付横切地形。

111

图 7-4　横切地形的通过方法

### 三、利用意大利半扣结进行下降

在极陡峭的地形条件下，对于一些弱小同学往往无法靠自身力量徒手完成下降，若无其他技术装备则需要利用意大利半扣结，将树或者其他柱状物替代主锁的使用，即可轻松完成下降（图7-5）。

用上述方法也可轻松完成伤员辅助运输，在某些地形情况下，伤员的运输不便于使用担架，而不得不靠人背的时候，无论是上升还是下降，背负者都无法独立通过障碍地形。此时，给背负者一根有人控制和助力的简易安全带便可解决问题。

图 7-5　利用意大利半扣结进行下降

### 四、利用双套结制作担架及背包制作担架

#### （一）利用双套结+登山杖（或木棍）制作担架

在野外行走和穿越中，如有同学受伤不能行走，可以将4根登山杖（或2根木棍）全部收到最短，2根一列排成两列成为担架的主支架，列宽根据伤者的体宽大致控制在 0.7~1 m，用一根登山绳在主支架间来回交替编织呈水纹状，然后用若干双套节将绳子与支架相连接（图7-6）。简易担架的主体制作完成，再加上防潮垫或背包以及睡袋后，就成为一副实用的救援担架。

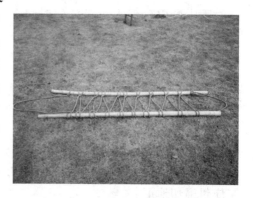

图 7-6　利用双套结+木棍制作担架

## (二)利用登山包制作担架

将两个登山包首尾相连,将所有肩带的编织带从连接扣中解出,然后将两只背包肩带交互连接到另一支背包的连接扣上,使两只背包成为一个整体。此时,背包的两根腰带和两根胸带恰好可以将伤员固定起来,而肩带则可以成为运输人员最好的把手。

在条件允许的情况下,将以上两个方法制作的担架组合使用。如果是长时间长距离运输的话,为了减轻救援者抬单架时手部的疲劳,可以使用其他备用绳将担架和救援者的肩部相连,使力量转移到肩膀上来。这样可以节省力量,且更平稳安全。

## 五、绳圈背人

并不是在所有情况下伤病员的运输都使用担架。在某些特殊情况下,如救援力量不足或者特殊的陡坡地形,野外伤病员的运输还是必须使用人力背负的原始方法。

绳圈制作方法:将登山绳盘成规整的半身长绳圈,用普通收绳结将整捆绳圈捆牢。将绳圈等分成两股,使之成为一个"8"字,背带即成。使用时,将背带斜跨上肩,使伤员的两条腿分别穿入两股绳环中,再利用另一根绳(或同一根绳的绳尾)将伤员与背负者交叉相连,接下去就可以安全且相对轻松的背负伤员进行运输(图7-7)。

图 7-7　绳圈背人

## 六、搭绳过涧

由于野外实习的特殊性,在穿越的过程中常常会遇到各种深沟或涧,不利于全队安全、迅速、合理地通过,所以在穿越沟涧等特殊地形时,一般可以采用搭绳过涧的方法通过(图 7-8)。

### (一)搭绳过涧装备

静力绳、主锁、8字环、上升器、扁带、滑轮、辅绳、安全带、快挂、头盔等。

### (二)搭绳过涧步骤

①设置保护点,保护点应严格按照规范进行设置。

图 7-8　搭绳过涧

②保护点设置好之后，由经验丰富的带队指导老师，穿戴安全带，实施岩降下到沟底，再爬上对岸。

③带队指导老师在对岸设置保护点，设置的保护点不得少于3个。

④保护点设置好之后，利用扁带和上升器设置一个暂时保护点，并利用上升器收紧绳索，并固定好。

⑤搭绳过涧应采用双绳，提高安全性。

⑥操作人员应注意结合两岸之间的角度来调整绳索的松紧度，如果角度太大，则绳索应稍微松点；如果角度过小，绳索应把绳子拉的稍紧。

⑦用收好的绳头设置保护点，固定好绳索。

⑧队员过涧之前，操作教练应仔细检查安全带、主锁、头盔是否穿戴和佩戴合理。

⑨带队指导老师应利用辅绳做一个二级保护装置，用做过涧同学的安全保护之用。

⑩将辅绳连接在过涧队员的安全带上，可有效控制队员滑行的速度，以保证安全。

⑪队员滑到对岸后，应由指定的同学帮助取下装备，注意不要被因滑行产生高热的器械烫伤皮肤。

### 七、荡绳过河

由于野外实习的特殊性，同学们在穿越过程中常常也会遇到小河，由于天气、水温、水深等各种因素，直接涉水并不利于全队安全，一般可以采用荡绳过河的方法通过(图7-9)。

图7-9  荡绳过河

#### (一)荡绳过河装备

动力绳、主锁、快挂、安全带、头盔等。

#### (二)荡绳过河步骤

①带队指导老师应仔细观察周围地形以及河流的深度、宽度，以确定何种通过方式最为合适。

②确定采用荡绳过河后，应在附近找至少一个高位保护点，保证绳索拉好之后，呈"V"形或"∨"形。

③建立保护点时，应根据同学们的身高、体重以及所携带的装备重量来调节绳索的长度，绳索的长度以在最低点队员屈膝碰不到河面为准。

④荡绳前，应仔细检查装备，提醒大家做好防水准备。

⑤有经验的老师或同学应率先通过，并在对岸负责帮助同学从绳索上脱离。

## 第四节  野外迷路的应对

在野外行走和穿越中，迷路是造成野外事故的主要原因，但是许多野外实习者对其并未引起重视。

实际上，在自然环境中，尤其是在陌生的新环境中，迷路发生的概率非常大，例如，灌木丛生的树林或是遍布大石头的地方，容易因看不清楚足迹而在不知不觉中迷路；有时也可能在雨中、雾中或傍晚时分因视野不清而迷路；此外，在面对渡河点、由开阔环境钻进密林的地点、峡谷中分岔的沟口时也容易迷路。

## 一、如何避免迷路

①户外活动前，查看天气预报，并做最坏的打算。
②提前了解和搜集所到地区的地理信息，选择易辨认的地标，如山脉、河流、溪谷等行进。
③使用手机导航。
④学会使用三大法宝——指南针、地形图和GPS。
⑤对不确定的区域做好路标和标记。
⑥沿路径和成熟路线行走，要避免自行开路或擅自改变行动计划。
⑦判断不准方向时绝不要盲目前进。

## 二、迷路处理原则

如果你做了最大的努力仍然在山林中迷路了，首先停止前进，并且尽快冷静下来，不要慌张，切勿贸然行进或盲目行事。此时，国内外普遍采用的"STOP"法则能为你提供有效的帮助。

S：即Stay(待在原地)，这是保证冷静的首要步骤。就近停下来把背包卸掉，节省体力，不要做无谓的消耗。

T：即Think(思考)，自问一些关键问题，有助于分析目前你所处的状况，例如，"我刚才经过了哪些地点？""距离天黑还有多长时间？"。

O：即Observe(观察)，仔细观察四周，尽量找到一些地标物，例如，溪流、岩石、洞穴、公路；分辨四周声音，如流水声、车声等，这些声音可以帮你找到安全区域。

P：即Plan(计划)，如果确定晚上之前走不出去，提早寻好露营或庇护地点非常重要。天黑之前，需要找到生火要用的木材。

迷路后，最困难的一件事是承认自己迷路了！做出这个判断一定不要有侥幸心理，抱着"再找找路"的心态，结果往往事与愿违。

## 三、迷路处理步骤

### (一)判断是否可以自行处理

①停下来把背包卸掉。
②测算走错路的距离。
③利用地图和指北针确定当前的位置。
④爬到高处或树上瞭望。
⑤冷静判断，科学处理。

### (二)如果可以确定位置,并知道方向

①对路线做好明确的标记,以方便自己返回,同时也有利于别人搜索。
②在这个位置上做好标记,以便于返回该地点再重新找路。

### (三)如果不知道往哪走,就求救

(1)求救方式

如果有手机信号或有对外联络的对讲机,可以获得建议及帮助。一般联系公安(电话110),急救(电话120),或本地救援队。如果没有信号或能够对外联络的对讲机,就需要派人报信,此时应尽可能两个人一同前往。在求救的时候,确保提供如下准确信息:

①发生了什么事情、什么时间发生的。
②迷路的人/其他团队成员的具体细节。
③伤势以及疾病的具体情况。
④相关的资源情况,如衣物、装备以及经验等详情。
⑤队伍的位置,或者说出你所走过的地形或观察到的东西,例如,我们是在上坡还是下坡;我们身处山脊还是山谷中;我们跨过了几条溪流;地形地貌、植被等有没有改变。
⑥拟采取的行动及下一步计划。

(2)保持体力,积极等待

夜晚时,可以点一小堆火来取暖。救援的队伍一般不会马上到达,所以可以睡一会儿以便于恢复体力。可以按照一般的方式来建营过夜或建一个紧急庇护所,把食物包装好并放置在远离自己所处的地方,以免因食物的吸引而遭到动物的袭击。

(3)向来救援的人发信号

如果有人来找你,最好用手电筒向天空反复照射或者打开头灯上的红色救援信号灯,告诉对方你的方位,以便于对方尽快找到你。

**思考题**

1. 简述野外行走的技术要领。
2. 简述野外丛林穿越的具体方法和注意事项。
3. 简述搭绳过涧的操作步骤和注意事项。
4. 简述野外迷路的处理原则和步骤及方法。

# 第八章　野外渡河和溯溪技术

> **导言：** 野外实习过程中渡河和溯溪是必不可少的，也是野外实习中风险最高的部分。因此，运用安全、科学、合理的渡河和溯溪技术是野外实习安全的最好保障。渡河和溯溪技术，需在野外实习之前专门组织练习，掌握方法、技巧，积累经验，才能在野外实习中熟练运用。本章共分两节，分别为野外渡河和溯溪。

## 第一节　野外渡河

### 一、河流风险识别

#### （一）判断流速

野外实习人员可以从声音、深度、宽度、坡度等方面粗略判断流速。如果河流变宽，流速也就小了；如果河道平缓，流速也相应减小；在较窄的河道中，水流的速度通常较大。一般而言，上游河段流速最大，中游河段流速较小，下游河段流速最小。具体见渡河地点分析（图8-1）。

位置①：差——波纹意味着流速很快，增大了渡河的难度。如果在水槽上方渡河，一旦失足会被立即冲到河槽里。

位置②：差——这属于弯道的凹侧，由于河水的离心力，这里的水流很快，且水深。同样对岸还会很陡，岸底也会被冲空。

位置③：差——虽说起步很浅，但随即就会进入弯道的凹侧。

位置④：好——在弯道下面，水流通畅，很缓。

位置⑤：好——利用在大石头后产生的涡流区域，此区域流速较慢。

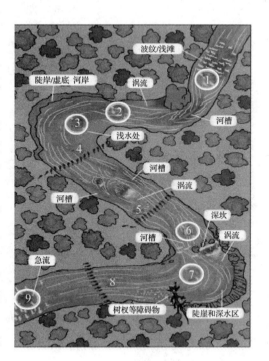

图 8-1　渡河地点分析

位置⑥：差——在深坎上面通常都是急流。
位置⑦：差——在树杈上方有潜在的危险，同时又是弯道处。
位置⑧：好——河流足够宽，水浅且流速慢。
位置⑨：差——河面有波纹流速快，增大渡河的难度。

### （二）判断水深

通常能一眼见到底的水流，才可以考虑渡河，否则就要慎重。但要特别注意的是，在淤泥质的浑水中不可以采用这种方法进行评估。如果光滑地像玻璃一样则说明较深，同样你也看不到水底。可以先找一个较长的竹竿或木棒，站在河岸边插入河流探测深度，然后根据探测到的河流深浅情况再决定是否渡河。如果水流有大腿深且流速较快，则不建议渡河。

### （三）水温

水温过低可导致抽筋、失温、冻伤甚至直接威胁生命。在低于人体体温的水中，人体丧失热量的速度要比空气中快25倍，发生急性失温症状的概率更是比在陆地上高出许多。举例来说，如果个人在10℃的水中，15 min 即会出现不受控制的全身颤抖，30 min 就会丧失意识。

总之，要谨慎选择渡河地点。应选择开阔、水浅的地方渡河，可避免不必要的障碍物（石头、漂浮物等），水流声音越小的地方相对越安全，同时选择有平缓岸堤的地方以易于上下岸。一定要避开河流弯道处（蛇曲处），因为在弯道旁边通常都是水深、流速快的地方，而且弯道处的岸堤通常很陡且不易攀登上去，同时也是最易发生溺水滑倒等危险的地方。渡河前一定要做侦察工作，最好能卸下背包多花些时间。通过现场判断河流的宽度、深浅，甚至地面坡度、支流方向、植被区等。即便也许要花上很长时间去寻找一个适合的地点渡河，但比起草率通过引发恶劣后果而言，是值得的。

## 二、渡河技术

### （一）旱渡

1. 踩石通过

踩石通过是指通常在一些石头等支撑物上跳过，或采用垫步方式快速迈过，多数情况鞋不会浸湿。但采用这种方法也需要有很好的平衡感、灵敏度和不错的运气。

踩石通过时，很可能会使自己撞在石头上导致受伤甚至危及生命。脚滑还极易导致膝部扭伤和一些外伤，如果水质很差，也有感染的可能。必要时可在通过时利用登山杖等辅以平衡，不鼓励背着大包在石头间蹿来跳去，这对膝盖的损伤会很严重，同样不提倡在湿滑的、光溜溜的石头上蹦跳。

2. 架桥通过

遇上河流狭窄、水深流急、无法涉渡的山区溪流、森林河流时，可就地砍伐树木（竹子）架桥通过。架桥处应选择两岸距离最近、高低落差不大、不会坍塌的地方。架桥的方法是：把砍下来的树木削去枝叶，竖起来倒向对岸并排靠拢，用藤条或绳子绑紧。如树木较粗无法控制倒向，可用绳子捆住树木的上端，竖起后几个人一起放绳，将树木慢慢放倒在对岸。架桥的树木在两端应留有足够的长度，以确保两端的承受力。为防止树木滚动，可以挖一沟槽，把树木一端嵌进槽里，并用石头塞紧。独木桥容易滑倒，要多砍些树木倒横过去，使所架的桥安全可靠。

### (二)涉水渡河

即便河流相当宽广，也会有相对狭窄的河段，适合涉水渡河。涉水过河前，砍一根木棍，以帮助维持平衡。过河时应直接面对水流方向穿过河，这样会减少被河水冲走的可能。将裤腿卷起，高出水面，可以减少阻力，或者直接脱下来。穿上靴子会比光脚更易于控制平衡。解开背包的腰绳，当你滑倒很危险时，立即挣脱它。但不要放弃背包，它通常能够漂浮，可以借助漂浮的背包游向岸边。涉水过河时还应背对彼岸，身体与河道有保持一定倾斜角，水流会帮助你向对岸移动。移动时，步距不可过大，应拖着脚走，并用棍棒试探河水深浅，探测落脚点是否可靠。

1. 单人渡河技术

寻找结实的长棍，以肩部为支撑，长棍置与前方 2 m 左右，身体前倾抵紧长棍，与双腿形成稳固的三角形，面向水流方向横渡过河，渡河时遵循两点不动一点动的原则，即在稳固两点之后方可移动第三点。同时应注意保持双腿与长棍形成支点的平衡，横渡线路应始终保持与水流方向垂直以减小冲击力。

单人渡河时应面朝上游，在前方垂直抓住撑杆以便形成一个坚固的三角支撑。一步一步地移动，每一步只挪动一只脚，两只脚不可距离太近。然后把撑杆挪回三角形的顶点。在继续移动之前确保脚安全站稳、撑杆放稳(图 8-2)。

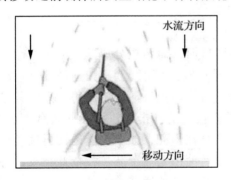

图 8-2　单人渡河技术

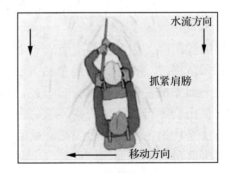

图 8-3　双人渡河技术(方法 1)

单人渡河方法如图 8-2 所示：人面朝水流的上游站立，两只脚和撑杆在水底形成三角形支撑，人横向移动过河。

2. 双人渡河技术

双人渡河是相对安全的渡河方法，是单人渡河方法的变种。双人渡河可采用以下 2 种技术方法。

第一种方法：一个人按单人渡河的方式站立，第二个人站在他后面，也面朝上游，牢固地抓住前面人的肩膀，倾身给予支撑，拖着脚缓慢横渡即可(图 8-3)。人要面向水流方向如螃蟹一样向左横移过河,特殊时候(如脚下石头不稳)向前走几步也是可以的,但切忌后退,否则很容易被水冲倒。

第二种方法:如果没有撑杆可用,则两个人面对面与水流呈直角站立,互相紧紧抓住对方的肩膀,两脚保持分开,以保持一个稳定的四点支撑。确保两人都侧面朝着水流是很重要的,如果一个人转身面向水流了,另一个人的膝盖就会很容易被水流撞击得往前弯(图8-4)。

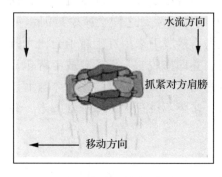
图8-4 双人渡河技术(方法2)

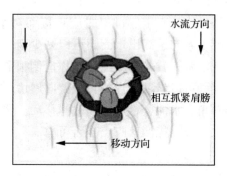
图8-5 三人渡河技术

3. 三人渡河技术

最好的三人渡河方法是一个人站另一个人后面呈一条线拖着脚缓慢横渡,最前面的人用撑杆支撑。三个人应该依次紧紧抓住前方同伴的肩膀,两腿分开,拖着脚缓慢横渡。如果没有撑杆可用,也可以三个人围在一起,最强壮的人在下游一边面朝水流方向,第二强壮的人站在背朝行进的方向,第三个人面向渡河的方向。这时候有前两人的膝盖容易被水流冲击,应控制好移动步伐、互相支撑(图8-5)。

4. 团队渡河技术

在团队渡河时,你可能希望组成一个大团队过河,而不想分成单个的小组。有两种方式组织团队横渡。首先,最简单的方法,还是如双人渡河,走在前面的队员撑着杆,其余人在后面站成一条长支撑线。不过,如果是五人以上过河,协调每个人的移动就变得很难。队伍会不可避免地变得不直,从而形成较大的冲击面,可能导致有人被冲倒。另一个方法是构造一个箭头形编队。最强壮的队员在前面,如果可能的话再用撑杆加强支撑。两个队员在他后面,然后是三个队员,再后面还是三个队员,依此类推,并排不要超过三个人。此例中,较弱的队员要站在编队的中间位置,接受其他队员的支撑。渡河时,后方队员应紧紧抓住前方队员的肩膀,由前方队员控制队伍的行进方向和速度(图8-6)。

5. 绳索渡河技术

如果水深超过腰部或虽然仅及大腿但流速很快,必须采取其他的保护性措施方可渡河,最常用的是采取绳索保护进行渡河(图8-7),具体步骤如下。

第一步:设置保护点。寻找合适的渡河地点,将绳索两端固定于河岸两边的大树或者石头等牢固的保护点,起点的固定端靠近河的上游,终点在河流的下游方向。两名队员分别在两端控制绳索松紧程度,为渡河者提供保护。

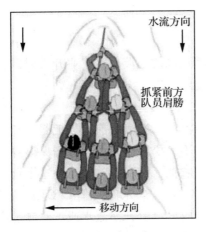
图 8-6　团队渡河技术

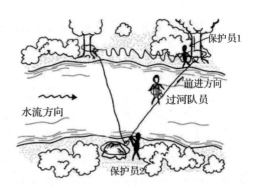
图 8-7　绳索渡河技术

第二步：先锋队员过河。指派一名强壮的队员，用扁带和铁锁将队员套在绳索上，如果没有相应的安全器材，可以在绳索的合适部位打一个蝴蝶结或单结以形成大小适度的绳环，把绳环套在渡河队员的腰上，亦可以起到保护作用。队员的渡河位置应与对岸的保护者平行或略加靠后，在绳索保护下采取单人渡河技术渡河。

第三步：在河的另一边设置保护点。先锋队员过河之后，应寻找合适的地方设立保护点，同时控制绳索担当保护者的角色。所有队员在河流两侧保护者的保护下采取单人渡河技术渡河。

第四步：人包分过。在危险的区域渡河应采取人包分过的方式，当大多数队员过河后，可将绳环从安全带上卸下，拉回原岸，用同样的方式将登山背包的背带扣在绳索上运至对岸。如果背包无防水功能，可以架设高一点的绳索，采用溜索的方式运送背包。

第五步：最后一人过河。与先锋队员过河的方法相同，由对岸的同伴提供协助和保护。

6. 涉水渡河注意事项

①如果河水清澈，河底为碎石则不要赤脚，以免水底的碎石或其他物体伤到脚底；如果河底为烂泥，脱鞋脱袜，以免鞋子陷入泥中丢失；在河水浑浊无法观察到河底细节的情况下，无论如何都不要赤脚过河。

②在水中不可抬高脚部，否则会重心不稳，而是要拖着脚，慢慢地移动脚步，尽量将身体重心放在两脚上。涉水时一定要一步步地侧跨，不可以前跨，以减轻水流的冲击。溪中的大石头上往往长满滑溜溜的青苔，一定要避免踏在青苔上。

③如在冬天或者天气寒冷的时候渡河，应尽可能脱去身上的保暖衣物（包括鞋子），待渡过后马上穿上，保暖衣物一旦浸水会造成身体严重的失温。

④在整个渡河过程中，包括有渡河工具的情况下，一定要将背包的腰带解开，这个时候背包可能是非常危险的负担，这一点适合所有的渡河情况，切记。

⑤在涉水渡河途中身体万一失去平衡，甚至不慎滑倒，而水流又很急时，就很容易招致不幸。因此，一定要万分沉着才行，千万不可慌乱。不论发生何种情况，当意外发生时

首先要尽力在河底站稳，然后再想办法爬上岸。

### (三) 下水渡河

除非别无他法，否则不要轻易下水。要仔细选择正确的泅渡地点，避开难以攀爬的陡峭河岸和水中障碍物。切记：如果不会游泳，切不能尝试以下方法渡河。

1. 泅渡渡河

水深流缓不能徒涉的河流，宜采用泅渡方法进行渡河。泅渡之前应当把服装和其他物品整理妥当，要求利索简便，不兜水，不妨碍动作，不易松散和丢失，便于保持身体平衡等。在整理服装时，要解开领口，翻出衣裤口袋，把衣袖、裤腿平整地卷叠至手臂、大腿的适当位置。泅渡前应仔细观察河流的水温、流速、水深，若水温低于17℃则不宜渡河，若流速高于3 m/s亦不宜渡河，如果河流中有涡流，应尽量避开涡流水段。泅渡过程中如果遇到涡流，应加快速度向上游的方向游，尽快脱离涡流水段。如果陷入涡流，应保持镇定，使身体在涡流中平行漂浮，然后脱离涡流。

泅渡是一项重要技能，如具备一定的游泳技术可游泳直接渡河。如果河面广阔，为安全起见和方便器材渡河，在野外可自制简便的渡河器材。

泅渡注意事项：

①泅渡前应仔细检查队员的装备、衣物等，避免泅渡过程中产生不必要的意外。

②泅渡时应保持一定的顺序，确保安全、有序、合理地渡河。

③如有队员遇险，应保持冷静，采取正确合理的方式进行救援。

④如果河水流速过快、过深，应做好保护再过河，保护点应设在泅渡者的上游。

⑤保护者应密切观察被保护者的泅渡过程，如发生意外，应采取直接、快速、合理、有效的应对措施进行救援。

2. 利用漂浮物渡河

油箱、塑料瓶、原木等任何能够漂浮的物品都可加以利用；也可用衣物填充防水袋，里面留下充足的空气空间，系住袋口，打折后再系紧，可用来帮助漂游。若有防水布也可以利用。用嫩树枝和稻草堆积在防水布中央，以便形成更多的充气空间，再在上面堆上衣物和轻巧装备，防水布四角紧紧拉紧，捆扎严实。进行漂流渡河时，应趴在漂浮物上，双腿游动，向前推进。

### (四) 扎筏渡河

1. 竹筏制作

将粗壮的竹竿砍成3 m长的段，捆绑端垫高，固筏木放在距端顶约50 cm处。固筏木长度稍稍宽于筏身，用野外应急备用辅绳或自制绳在第一根竹子边的固筏木上系丁香结或牵引结，用对角线捆绑法或方形捆绑法将第一根竹子绑牢后，交叉至第二根竹子，重复如此操作至最后一根竹子，再用丁香结捆绑固筏木，即完成一端的捆绑。一般制作这样的竹筏应在筏身的前、中、后三个部位都进行捆绑，亦可用铁丝把竹子一根根固定在固筏木上，最后沿着固筏木绕一圈铁丝后拧紧使筏身牢固(图8-8)。在野外应尽可能就地取材做筏，可收集木头、泡沫块、空矿泉水瓶、橡胶轮胎、油桶或有浮力的物体，把一块或者若

图8-8 竹筏

图8-9 油桶筏

干块根据需要用绳子将其固定,加工成可以承载重量的渡河用具(图8-9)。

2. 竹筏操作

竹筏因载人不多,常用单竿进行操作。在浅水区域,可以将撑竿撑到河底控制竹筏前进、后退或转向;如在深水区域,则多采用"划竿"的方式控制竹筏。划竿的操作方法为:

①持竿者站在竹筏的中间靠后部位。

②双手握住竿的中间部位,一手正握,一手反握,双手间的距离为肩宽,将竿持于胸前。

③以双手间的中心点为轴心,双手向前做圆周运动,使竿的两头做圆周运动,依次从竹筏两侧的前方入水后方出水,使竹筏向前运动。如要使竹筏向后运动,则双手向后做圆周运动;如要使竹筏转向,则竿的轴心不变,改变两手的高度,一手高一手低做圆周运动,使一侧竿划水,另一侧竿则不入水。

## 第二节 溯 溪

### 一、溯溪原则

溯溪是沿着峡谷溪流的下游向上游,克服地形上的各种障碍一直而上行进的行为。在野外峡谷及峡谷两侧通常具有丰富动植物等生态资源,是野外实习的重要区域和必经之地。在溯溪过程中,应根据实习内容、所携带的装备以及自身技术水平等情况采用不同的方式进行。如峡谷地形相对简单、易行,则可以完全沿峡谷而上;如峡谷地形中存在相对危险的区段,则可以采用绕行的方式;如地形复杂但由于实

图8-10 溯溪

习需要必须要沿着峡谷地形完全溯溪而上,则需借助一定的技术装备,并具备一定的技术才可以。因为峡谷内松动不稳的石块、湿滑的岩壁、急流险滩、深潭、飞瀑等不仅会给大

家带来很大体能挑战,同时也具有很高的危险性(图8-10)。特别强调:在没有专业技术力量保障下不建议在地形复杂、危险性高的峡谷以完全溯溪的方式进行野外实习。

## 二、溯溪装备

由于完全溯溪技术性很强,因此必须配备专业的防护装备和技术装备,才能保障溯溪的安全性、舒适性和通过性。

### (一)防护装备

1. 溯溪鞋

溯溪的必备装备,不要选用无阻滑作用的鞋,选用防水材料的溯溪鞋。这种鞋既有阻滑效果又不易磨损,选择上应以两指式抓地力较强者为最佳。手工编织的草鞋和带防滑功能的运动凉鞋也可作防滑鞋。

2. 护腿

防水材料制成,除了可以发挥一定防寒作用外,还可免于被杂草荆棘划伤、岩石碰伤以及防止蚂蟥叮咬等。护腿分为长筒和短筒两种,长筒除防护小腿外还可护膝。

3. 头盔

头盔能保护头部免于溪攀滑坠及落石袭击伤害。溯溪时应采用轻便的攀岩头盔或登山头盔,工程头盔也可但必须有安全认证标志。

4. 防水背包

一般溯溪时多采用骑行包,以能够携带溯溪设备和攀登用品为准。

5. 防水内袋

在溯溪过程中,有时需在深潭峡谷泅渡,背包下水是常有的事,要避免背包里的东西浸湿,单用塑料袋绑起来是不够的,因此背包里需加装一个防水内袋。

6. 排汗内衣及快干衣物

溯溪的衣物要求快干保温,选择快干的衣物及排汗内衣是很必要的,它们可以让你保持体温,同时排除汗液,避免着凉感冒。切忌穿牛仔裤,一旦被打湿很难干透。

### (二)技术装备

静力绳:粗9~11 mm,防水,拉力在2000~3000 kg,攀登用。
安全带:攀登者穿在身上,由铁锁等与主绳相连,起保护作用。
铁锁:用于联接各种绳索、安全带及攀登器械,使用简便。
上升器:在攀登过程中,用于向上攀登时使用,也起保护作用。
下降器:在攀登过程中,用于从上方降到下方的专用器械。
防水镜:用于保护攀登者眼睛。

## 三、溯溪技术

### (一)基本攀登技术

基本攀登技术要领为"三点式"攀登,即在攀登时应确保四肢中的三点固定,使身体保持平衡，另一点向上移动。

### (二)溯溪专用技术

1. 岩石堆穿越

峡谷溪流中多滚石岩块，且湿滑难行，在溪流中行走应以踩踏小碎石为主，在小碎石上行走一般不会滑倒。要踩踏大块石行进时，应看准踩踏地点，并想好万一站不稳时的解决办法，避免因踏上无根岩块跌跤或被急流冲倒受到伤害。

2. 横移

当在岩壁瀑布下遭遇深潭阻路时，可尝试由两侧岩壁的岩根横移前进。岩石多湿滑，支点不易掌握，横移时须特别谨慎。有时支点隐藏于水下，此时以脚探测摸索移动，若特别困难，采取涉水或泅渡或许更为简单。

3. 涉水泅渡

涉水或泅渡时，必须清楚地判断水流的缓急、深度，有无暗流，必要时借助于绳索加以保护。在溯溪过程中经常使用绳索横渡过河，因此，需要掌握一系列的绳网、绳桥使用技术。

4. 攀登瀑布

这是溯溪过程中最刺激，也是难度最大的技术。攀登前必须事先观察好路线，熟记支点，要充分考虑好进退两难时的解决办法。瀑布主体水流湍急，但苔藓少，有时反而容易攀登。瀑布攀登虽然刺激，但难度大，经验和技术要求高，不具备娴熟技术和丰富经验者不要轻易做这种尝试。

5. 爬行高绕

在遇到瀑布绝壁，采用其他方法不能通过时，可以考虑采取爬行高绕的方式前进，即从侧面较缓的山坡绕过去。高绕时注意辨识方向，防止在丛林中迷路，同时应避免偏离原路线过远，返回后应确认原溪流。

## 四、溯溪注意事项

①参加有溯溪活动的野外实习，需提前研读有关溯溪技术的书籍，学习各项攀登、溯溪的技术与知识，参加各种技能训练，做好溯溪活动前的准备。

②在野外实习溯溪过程中一定要组队结伴，切忌单独进入溪谷，以免受困无法脱身。

③溯溪所要使用的装备器材要配足带齐(含急救包)，并熟悉各项器材的使用知识，不是必备品可不带，以减轻重量的负担。

④在溯溪过程中，应选择最佳的、安全有效的行进路线，避免无谓的体力消耗，保证活动安全进行。

⑤万一发生意外事件，不可慌乱，一定要视情况的轻重缓急，决定继续前进或撤退中止活动，将伤害减低至最小程度。

⑥必须在天黑前离开溪谷，绝对不可以摸黑赶路，因为溪谷地形高低不平，极容易失足受伤。

⑦溯溪前一定要先了解当地的天气情况，应避免在大雨或暴雨天气进行溯溪活动。如

果在溯溪过程中天气突然转坏，须马上离开溪谷。尤其是南方山区及多雨地区，因为有些时候在上游少许降雨，就可能导致山洪暴发。山洪暴发是溯溪过程中所面临的最大危险。

⑧溯溪过程中，应尽量避免湿水。一般峡谷中多阴凉潮湿，湿水后的衣物、鞋子不易干，容易引起疲劳，脚容易起水泡，所以非万不得已不要湿水是溯溪的基本要诀。

**思考题**
1. 简述双人渡河技术的方法和要求。
2. 简述在野外涉水渡河注意事项。
3. 请列举溯溪的防护装备并说明其主要用途。
4. 简述野外溯溪的注意事项。

# 第九章  野外攀登和下降技术

> **导言**：在野外实习过程中将会不可避免的遇到岩壁、陡坡等地形地貌。如果在陡峭岩壁或大陡坡上有你需要采摘、取样或近距离观察的物种或植被，那你如何在安全有保障的前提下实现？如果你掌握了正确、规范的野外攀登和下降技术那么上述问题将会迎刃而解。因此，野外攀登和下降技术将会大大提高实习的效率和实习质量。但野外攀登和下降具有较高的风险性，需在野外实习之前专门组织练习，熟练掌握其正确的操作方法和流程，积累丰富经验，才能在野外实习实践中熟练运用。

## 第一节  野外攀登

### 一、攀登技术

在攀登岩石、峭壁过程中所需要的特殊技术，称为攀登技术。在野外实习中如果掌握了熟练的攀登技术，就可以大大提高实习的效率和质量。根据野外实习过程中攀登者在攀登岩石所运用的技术装备及攀登岩石的特点，可将攀登技术分为徒手攀登法、利用器械攀登法、缘绳攀登法等。

**（一）徒手攀登法**

攀岩时，攀登者的双手和双脚构成人体的四个支撑点（简称支点），当移动一只手或一只脚时，其他三个支点保持固定状态以使身体平衡。简单来说，攀登技术的要领就是"三点固定"，因此也称"三点固定法"。在稳固三个支点的前提下才能移动第四点，其技术动作是：攀岩时身体要自然放松，以三个支点稳定身体重心，随攀岩动作的转换身体重心也要随之移动，这是攀岩能否平衡、稳定、省力和成功的关键。三点固定法是攀岩的基本方法，它对身体各部位的姿势要求如下：

（1）身体姿势

在攀登自然岩壁时，身体要自然放松，以三个支点稳定身体重心，身体切勿靠得太近，这样会影响攀岩路线的观察和支点的选择，同时使人容易较快地疲劳。在攀登过程中，身体重心要随着攀登动作的转换而移动。身体和岩壁保持一定距离，上、下肢要协调舒展，上拉、下蹬要同时用力，身体重心一定要落在脚上，保持面向岩壁、三点固定支撑，直立于岩壁上的攀登姿势。

（2）手臂动作

手在攀岩中是抓握支点、维持身体的平衡、使身体顺利向上攀登的关键所在。手臂力量的大小和技术动作掌握的好坏会直接影响攀岩的进程。对于初学者来说，在不善于充分利用下肢力量的情况下，手臂的动作就显得更为重要。手的动作较复杂，虽然脚是支撑全身重量的，但如果没有手的辅助就不能攀登。在攀登自然岩壁时，手的动作变化要根据支点的不同而采用不同的方法，如抓、握、挂、抠、扒、捏、拉、推、压、撑等（图9-1）。

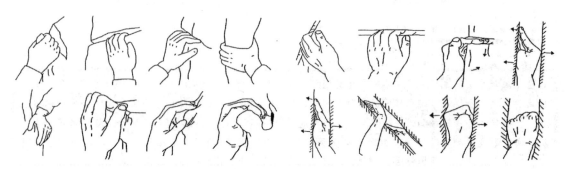

图9-1　攀登时手的动作

（3）下肢动作

双脚是全身重量的主要支撑点，在攀岩过程中是否能快速、顺利、省力地完成攀登，充分利用腿部力量是非常重要的。脚的动作要领是：两腿外旋，大脚趾内侧贴近岩面，两腿微屈以脚踩稳支点维持身体重心，膝部不能接触岩壁，两脚踩支点维持身体重心（图9-2）。

在自然岩壁支点大小不一、方向不同的情况下，动作要灵活运用。但要切记，膝部不要接触岩石面，

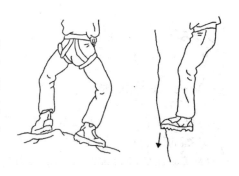

图9-2　攀登时下肢动作

否则会影响到脚的支撑和身体平衡。攀登时，要尽可能地用全脚掌踏在凸出或凹入的岩石上，如果找不到适当的踏脚点就要根据具体情况来决定。如有的棱角或小台阶是直角或斜坡状的，那么踏脚时，就要根据它的形状下脚。如遇到岩石裂缝，双脚需根据裂缝的形状、方向及大小而采用不同的动作。在有直角的裂缝时，将脚前部插入裂缝，脚跟比脚趾低，脚趾向下用力；在遇到纵向的裂缝时，由于裂缝的大小不同，脚的插入角度及用力方向也不同，此时要把握一个原则，即调整好的脚能紧紧地卡在岩石缝中，这样才便于用力（图9-3）。

（4）手脚全身协调配合

对技术还不够熟练的攀登者来说，上肢力量的大小对攀登显得更为重要。攀登时往往是上臂引体，下肢蹬压抬腿，同时需要腰部动作的配合来移动身体。如果仅仅靠上臂引体，攀登时手臂很容易疲劳，表现为手臂乏力，酸疼麻木，逐渐失去抓握能力。失去抓握能力后，即使有好的下肢力量，也难以维持身体平衡。所以学习攀岩，攀登者要首先练好上肢力量，上肢又要以手指和手腕、小臂力量为主，再配合脚踝、脚趾以及腿部的力量，使身体重心随着用力方向的不同而协调地移动，手脚动作的配合也就自如了。

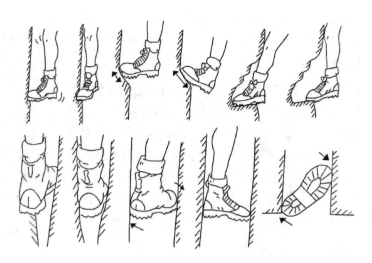

图 9-3 攀登时脚踩点的各种动作

### (二)利用器械攀登法

根据攀登岩石峭壁时攀登者所使用的器械,可将利用器械进行攀岩的方法分为以下三种。

(1)上升器攀登法

第一位攀登者登到岩石峭壁顶部后,在上方将主绳一端固定好,将另一端扔至峭壁下方,固定拉紧。攀登者将上升器用扁带等装备连于安全带上,调整好长度(一般以手臂伸直的长度为宜),手握上升器,并将它们卡于主绳上(图9-4)。一手握上升器,另一手在上升器下方握紧主绳,沿主绳的方向蹬伸双腿,向上快速推动上升器,使身体不断沿主绳向上攀登。也可将连接身体和双脚的两个上升器分别卡于主绳上,利用腿部的屈伸动作,沿主绳向上攀登(图9-5)。

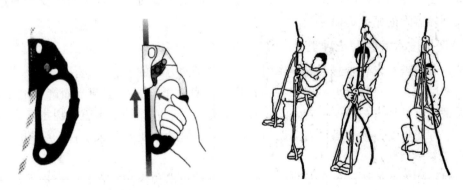

图 9-4 上升器卡于主绳上　　　　图 9-5 上升器攀登

(2)抓结攀登法

抓结是一种绳结,抓结攀登是在没有上升器的情况下采用的攀登方法。其连接方法是用两根辅助绳在主绳的手握端打成抓结,另一端即连脚端打成双套结,不断向上攀登。在操作过程中，为了维持好身体平衡，可利用岩壁的摩擦力向上抬腿，始终保持面朝岩壁姿势（图9-6）。

### （三）缘绳攀登法

当攀登的岩石峭壁的坡度小于90°时，在岩石顶部固定好主绳，将另一端扔至下方，攀登者可拉紧主绳，屈臂引体，一手迅速上移，另一手进位紧握向上攀登（图9-7）。向上引体时，身体后仰角度不宜过大，两脚随着屈臂引体用力地向上蹬踏岩壁，蹬踏时应以前脚掌为主，手脚要协调配合。为了防止滑脱，可在主绳上打结与身体连接，手握抓结向上攀登，或另增加一条主绳与攀登者身体连接，采取上方保护的方式助攀。

图9-6 抓结攀登

## 二、攀登过程中的保护技术

在野外进行各种形式的攀登和下降时，最大的危险是滑坠和摔落，它会给攀登者带来生命威胁。为保障攀登者的安全，在攀登过程中需采用一些特殊的保护技术，在发生危险的时候，就可以使险情得以及时控制。在攀登和下降等过程中，因动作失误、体力不支及其他意外情况而引起险情，同伴为保护攀登者所进行的各种操作，统称为保护技术。

攀登者是在保护人通过登山绳给予的保护下进行攀登的。登山绳的一端通过铁锁或直接与攀登者腰间的安全带连接，另一端穿过保护者身上与其腰间安全带相连的铁锁和下降器，中间则穿过一个或多个固定的安全支点上的铁锁。在攀登者上升或下降时，保护者不断放绳或收绳；在攀登者失手时，保护者拉紧绳索

图9-7 缘绳攀登

制止坠落。发生突然坠落时冲击力很大，直接手握绳索很难拉住，冲击力主要是通过绳索与铁锁及下降器间的摩擦力而抵消。

### （一）保护技术的原理及种类

保护技术能否对攀登者起到保护作用，关键在于两方面的力：一是保护者上肢对保护绳的握力和拉力；二是摩擦力，即保护绳在保护者身体上经过一定缠绕而产生的摩擦力。另外，保护绳在保护者与被保护者之间还有一个支点，上方保护支点就是树木、岩石或人工锚点，下方保护支点就是攀登者预设的保护装置，这两个支点加大了保护绳的摩擦，从而也加大了安全系数。

根据保护技术所使用的场合及范围，通常将保护技术分为固定保护、行进保护和自我保护三种。

1. 固定保护

固定保护技术是指通过预设专门人员对行进者或攀登者进行的保护。保护者将主绳进行某种固定，并选择有利的位置专门负责保护。在攀登岩石、峭壁等技术复杂、危险大的

路段时多被采用。固定保护时保护者任务明确，随时处于操纵保护装置，对攀登者进行保护的戒备状态。

根据保护者与被保护者的相对位置，固定保护可分为交替保护、上方保护和下方保护三种保护方式。

(1) 交替保护

结组攀登陡峭的岩壁或冰坡时，多采用交替保护。具体方法是一个结组内同时只允许一个人行进，当一人行进时，其他人停止行进将冰锥或冰镐打入坡面作为固支点，并将主绳在支点上按特定的要求缠绕。与行进者相邻的同伴做好上述操作后，还要根据行进者的速度做收绳、放绳动作。行进者沿主绳行走间隔一段距离后，停下来重复保护者的动作，第二人便开始行进，依次反复进行。

(2) 上方保护

保护者处于被保护者上方，该方法多用于对攀登峭壁进行保护。保护者在岩壁顶部，利用自然物(树、岩石等)或钢锥将主绳一端固定。然后将身体通过安全带、铁锁等结于主绳的相应位置，构成自我保护，以免攀登者失误摔落时被牵动。最后将主绳通过保护器与自己相连，主绳另一端抛给岩壁底部的攀登者。攀登者将绳端结于自己安全带上，保护者随着攀登者的行进，不断收绳，使攀登者胸前不留有余绳，但也不要拉得过紧，以免影响攀登者行动。

上方保护对攀登者没有特殊要求，发生坠落时冲击力较小，较为安全。进行上方保护时，使用的器材主要有安全带、铁锁和下降器。保护者收绳时，应注意要有一只手时刻握住下降器后面的绳索，只抓住下降器前面的绳索难以制止坠落。

(3) 下方保护

下方保护是保护支点位于攀登人下方的保护方式。攀登岩壁或冰壁时，没有上方预设的保护点，只能采用下方固定保护，即保护者的位置在攀登者的下方。其保护装置也是将主绳的一端在保护者附近固定，另一端系在攀登者穿好的安全带上，攀登者在行进过程中，保护者要不断做放绳动作，在攀登者失误滑脱时，因牵动保护者的拉力来自上方，故对保护者不构成威胁。一般情况下，处于下方的保护者可不设自我保护装置。

下方保护要求攀登者在上升过程中，不断将保护绳挂入途中安全支点上的铁锁中。这种保护方法要求攀登者自己挂保护绳，因此要求攀登者技术熟练。

2. 行进保护

行进保护是指行进中不需要设置专人保护措施，只是在出现险情后依靠同伴及保护装置而采取的一种应急保护技术。最普通而简便的方法是用主绳将 2~5 名攀爬者的身连接牢固，构成一个结组。结组行进中，一旦有人失误滚坠，同组其他人都要利用保护装置机敏地进行保护性操作，即立刻以最方便的姿势和最快速的动作，将冰镐全力插入冰雪、碎石或裂缝中增大摩擦形成制动，最后通过固定自己的身体而拉住滚坠者。

3. 自我保护

不管是行进保护还是固定保护，攀登者一旦失误，都不能被动地依赖别人的保护，而要尽量做出各种自救动作，这称作自我保护。特别是在采用行进保护的情况下，失误滑坠一旦发生，就要立即做出自我保护动作，即在向同伴高呼保护的同时，迅速将身体成俯卧姿势，并用全力使冰镐尖与坡面摩擦形成制动或用手抓握两旁的树枝、岩石等，以降低下滑速度。

### (二) 上方保护技术的操作方法

在野外攀登中上方保护是最常用的保护技术。根据保护者所携带的装备和采取的姿势，上方保护可分为站立式保护法、坐式保护法和器械保护法三种。

1. 站立式保护法

保护者采用站立式保护法对攀登者进行保护时，应首先选好保护位置，做好自我保护，然后身体侧对岩站立。站立时先将一腿迈出一步，脚蹬在有利的支点上，腿要伸直，脚尖指向攀登者，后面的腿稍屈成弓箭步，身体重心落在后腿上，形成保护姿势。保护者站立的重心不宜过高，否则一旦受力保护者就有被牵动而拉倒的危险。

为了使保护绳不易脱落，保护者应在身上适当缠绕绳索，其方法是：先将保护绳的一端从左腋下由里向外在胳膊上绕一圈后握紧绳索，保护绳的上端经背部再从右肩搭下，用右手在胸前握绳。保护者做好准备工作后，就可通知攀登者进行攀爬。

随着攀登者的逐渐上升，保护者要不断地将绳索收回，从而起到保护的作用。保护者采用的收绳方法是左臂屈肘拉绳，右臂伸直向回拉收绳索，左手沿绳下滑握紧绳，右手沿绳上移于胸前握绳，通过如此反复做好收绳动作，保护攀登者不断向上攀登。一旦攀登者失误坠落，保护者应及时采取制动动作，即在两脚踏稳的基础上，左肩后撤，右肩迅速前压，使缠绕在身上的保护绳拉得更紧，从而使脱落者停止滑落。

在攀登者下降时，保护者要做放绳动作，其方法是在右手(制动手)握紧绳索的前提下，左手(活动手)沿绳移动，并同时将绳放出，活动手随绳的拉出而移至胸前握绳，待制动手握紧绳，如此反复动作，绳索就会逐渐放出。

在保护中无论是收绳还是放绳，都不要把绳索拉得过紧或放得过松，过松会失去了保护作用，过紧则会影响攀登者或下降者的动作。

2. 坐式保护法

保护者采用坐式保护法对攀登者进行保护时，首先选好有利地形，做好自我保护。保护者面对被保护者(攀登者)，坐在地上(岩石或雪坡)，两腿自然分开，两脚蹬住较凸出的岩石等做支点。保护者同样应把保护绳缠绕在自己身上，将保护绳一端连接被保护者，另一端(即固定端)经腰部向前拉拢，两手在腹前将固定端握住。

①收绳方法：右手收绳至腹前，同时左手由腹前向外拉绳，收至腹前的右手将经腰部缠绕于腹前的绳两边同时握住抓牢。左手迅速收回到腰间并抓绳，右手同时沿绳滑出握绳，准备再次收绳。

②放绳方法：右手从腹部将绳向外拉出，左手顺势握绳收回腹间并抓紧经腰部缠绕于腹前的两绳索，右手此刻迅速收回腰间握绳，左手亦同时沿绳向外滑放握绳。

3. 器械保护法

器械保护法是利用下降器和铁锁进行保护的方法，可根据地形条件采取站立式或坐式保护姿势。在野外保护中多采用器械对攀登人员进行保护，其优点是省力、安全、操作简便，但必须具备一定的安全装备，如安全带、下降器(8字环、ATC)、铁锁等。

（1）方法步骤

利用下降器进行保护时，保护者首先要安装好保护装置，将绳索按要求缠绕在下降器上（图9-8），双手分别握紧从下降器绕出来的绳索。上方保护也称为顶绳保护，顶绳保护方法的基本技术动作是由五个连续的动作步骤组成的，故称为"五步保护法"。以下动作解析以右手为制动手为例，如果是左手习惯，反过来即可。

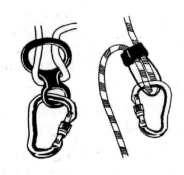

图9-8　8字环和ATC安装缠绕方法

左手（导向手）抓保护器上端绳索，抓握位置以伸直左臂为好（尽量稍微抓远），右手（制动手）握保护器下方的绳索，手尽量靠近保护器，但不能贴住保护器，以免受力时虎口的手皮被卷进保护器，这样做是为了能多收绳索，提高效率，双手均以虎口抓握，便于用力。具体步骤如下（图9-9）。

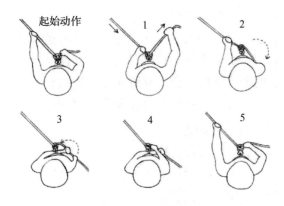

图9-9　五步保护法

第一步：左右手同时配合用力，左手往下拽绳，右手往上提绳。双手要同步动作，保持双手之间没有多余的绳索堆积。

第二步：右手抓握绳索迅速向右侧后方下摆，返回到制动端，此步骤操作一定要快，不得在第一步结束后停留。

第三步：左手从保护器外侧去抓右手制动端的绳索，抓好后左右手紧贴，同时注意左手与保护器也应保持一定的距离，以免手被挤到。

第四步：右手再次抓握左手上方的绳索，回到准备姿势时的位置。

第五步：左手也放回到保护器上方抓握绳索，此时双手位置与准备姿势时相同。

（2）注意事项

①在攀登者完成手点动作后开始收绳，以免由于收绳时绳子产生摆动影响攀登者抓握支点。

②只要攀登者向上方产生位移，就要完成一次"五步保护动作"。

③如果开始收绳后，攀登者突然又停住或者返回原点，保护员的制动手应立即回到腰

间的侧后方即制动端，不可在"第一步"后停留，因为这是如果攀登者脱落，保护器与主绳的摩擦力将大大降低。

④每一步的握绳无论左手还是右手都要以虎口的位置满把握绳，不可以用手指去捏绳。

⑤只要攀登者在路线上出现停留，保护员一定要回到制动状态等待，即制动手放到保护器下位置。

当攀登者攀爬到顶或准备脱落时，保护员要第一时间迅速收紧绳子并准备将其放回地面。具体动作步骤如下：

①调整自己的站位，以免绳子交叉或摩到攀登者的后背、腿部等，通常站到攀登路线的侧后方。保护员与岩壁的距离应保持在 2 m 左右，太近会撞到岩壁，太远则会失去重心从而失去对攀登者的控制。

②双手放到制动端握紧绳子，重心下压，双脚开立，身体站稳，使身体进入保护状态。

③与攀登者进行沟通，准备放其下降。

④双手仍握住绳子，但虎口轻轻松开，绳索随攀登者的重心会慢慢滑动。

⑤整个下降过程中，保护员应密切注视攀登者，全程保持慢速且匀速。

⑥在攀登者接近地面时放慢速度，待其双脚先站稳后再充分放绳。

⑦待攀登者站稳后迅速给绳，并帮助其解除安全带上的连接。

### (三)攀登过程中保护的注意事项

①保护前对所使用的装备要进行认真检查。

②保护地点要尽量安全，有利于保护者进行活动，严禁选址于有塌方、滚石区。

③保护者首先要作好自我保护，然后再保护别人。

④保护者不论采用何种保护方法，始终要一只手抓住绳索，站立式保护一定要按其方法要领收、放绳，并要注意站立姿势的正确。

⑤在攀登岩石等的保护中，一定要注意绳索的磨损。保护者随时同攀登者进行联系，密切配合，被保护者没有达到安全地点前，保护者一定要集中注意力，以高度负责的精神，克服一切困难完成保护任务。

⑥在攀登岩石的保护作业中，所有人员要保持安静，听从指挥，杜绝一切事故的发生。

## 三、野外保护站设置

野外保护站是指由 2~3 个天然保护点或人工保护点所构成的一个完整的保护系统，主要用于在野外自然环境中的攀爬和下降以及保护等绳索的固定。

### (一)野外保护站设置原则

(1)独立

保护站(系统)的各个保护点相互之间要相对独立，从而避免其中某个保护点脱落而随之全部失效。

为了使各保护点能够独立受力,在保护点设立时需要寻找比较稳固的保护点载体。如果各个载体相互联系或不够稳固,一旦其中某个保护点失效,其余保护点将难以承担安全。

(2) 均匀

保护站(系统)的保护点要均衡受力,否则,容易造成个别保护点因承受力量过大而失效脱落。

各个保护站(系统)链接必须成均匀紧绷状态,从而确保各保护点得到最大有效利用。如果某个保护点比较松散,在保护的过程中将不能发挥最大有效作用。在其他保护点失效时,该保护点也会因为冲坠力量的影响,很容易受到损伤或失效。

(3) 备份

在设定保护站(系统)的时候,要由至少两个固定点来组成一个保护站(系统)。一般来说,三个或三个以上比较好。只有这样,才能很好的保证保护站(系统)的牢靠。

### (二) 两点间的角度

一旦设置了两个保护点,两点之间就存在角度问题。在保护系统设立过程中,选择保护点位置的同时还要考虑一个重要因素,就是两点之间的角度。原则上,两个点之间的角度越小,每个点所承受的力的大小也相应减小,即对固定点和绳套的拉力也随之变小,使得安全系数增加(图9-10)。一直到角度为零,两个力减小为合力的1/2。由于两个固定点一般不会在一起或者在一条直线上,同时根据计算,夹角小于60°,拉力的变化也不大,所以要求保护点之间的夹角应小于60°(表9-1)。

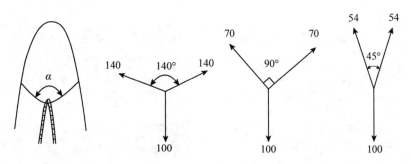

图 9-10　两点间角度和每个点承受力情况

表 9-1　保护站连接的角度与保护点受力的情况

| 两点间角度(°) | 每个保护点的受力情况(%) | 两点间角度(°) | 每个保护点的受力情况(%) |
| --- | --- | --- | --- |
| 0 | 50 | 120 | 100 |
| 60 | 58 | 150 | 193 |
| 90 | 71 | 170 | 573 |

### (三) 保护点设置要点

在野外,设置保护站(系统)需考虑以下几个问题:

(1) 保护点载体

在自然环境中保护点的载体有很多的选择如岩石、树木、人工建筑物栏杆等，对载体的确认和选择是保护点的安全的基础。

(2)保护点载体的受力安全角度

载体的安全受力角度的范围和实际所受到的力角度范围之间的关系，实际受力角度范围不能超过载体的安全受力角度的范围，保护点并最终设置的保护站(系统)受力方向是指向实际操作中的受力方向；

(3)保护点之间受力角度

保护站(系统)中的保护点之间受力角度：各个固定点之间的夹角不宜过大，角度越小越好。随着角度的增大，固定点所承受的力量就会不断增大。在两个固定点组成的保护点系统中，当角度大于120°的时候，每个固定点承受的力量将会大于向下的拉力。在固定点不能重新设定的情况下，可以通过调整保护点上绳环的长度来使力量分散开，减小固定点之间的夹角。

(4)保护点的器材选择

使用的设置保护点的器材不同(机械塞、岩钉、膨胀螺栓、编带环等)，要根据保护点载体的性质因地制宜的选择。

(5)保护站的设置方法

为使各个固定点均匀受力，可以在保护点系统设置中使用自动分摊法(图9-11)或静止分摊法(图9-12)。

锁口方向，要使开口向下、向外。如果有两个铁锁，要使锁具的开口方向一左一右，不能朝向同一个方向。

图9-11 自动分摊法

图9-12 静止分摊法

**(四)固定点的选择和设定方式**

在以下固定点的设定中，以扁带为例，如果没有扁带，可以使用绳套代替。但是，应注意在使用绳套的时候，需要采用双渔人结连接绳尾。

1. 岩石

(1)天然固定点

天然的、具有比较好的形状的岩石往往是非常理想的固定点设置位置。常见的有岩石上突出的角、岩柱、岩石上形成的天然的环等。对于这些天然的岩石，要仔细检查它们的稳定性，看看岩石上有没有裂缝、岩石附近有没有破坏它们稳定性的小岩片等，还要考虑岩质是不是坚硬，有没有坚实的与岩壁连为一体。可以通过摇一摇岩石，看看牢固不牢固；用拳头或者手掌击打几下，如果有空洞或者破裂的声音，需要特别小心。如果还是不能确定，可以用脚推一推，看看是否牢固。

对天然固定点的测试要在连接装备的时候就要进行，不要在绑上绳子或者连接确保者之后再进行。所以，一定要遵守"先测试，再使用"的原则。如果判断不准，将会带来很大的危险。

（2）人工固定点

除了可以利用天然的岩石做固定点外，还可以利用膨胀钉、岩石锥在岩石上制作永久性的人工固定点，或者利用岩楔等在岩石裂缝上制作可自由拆卸的人工固定点。在使用人工固定点的时候，最好架设三个以上，并使力量均匀分散到各个固定点上。

对岩壁上遗留的以前的老旧保护点要格外注意，仔细检查它们的可靠性，判断它们使用的时间，一般来说，能不用就不要使用。因为这些保护点经过岁月的侵蚀，内部已经发生了各种各样的变化，这些都是未知的，为了减少风险，尽量不要使用，最好自己重新架设新的保护点。

（3）岩角

在岩角上，可以直接用扁带绕过岩角，然后用锁环扣住扁带，但是这种方式容易随着绳子的移动发生滑落；也可以使用双套结或单套结来增强牢固性，这时需要的扁带长度将增加。

（4）岩柱、岩洞

对于岩柱、岩洞等，可以直接将扁带绕过，然后用锁环扣住的方式来连接；也可以通过双套结或者将扁带拆开、重新打结的方式来实现。

（5）膨胀钉

膨胀钉一般都有挂钩（图 9-13），而且可以经久使用。但是随着风雨的侵蚀，也会变得老旧。所以，在使用岩壁上已有的膨胀钉时，要仔细检查它们的稳定性，看看是否有裂纹、过度锈蚀等现象。也可以将快挂扣入挂钩，然后上下左右拉动，看看是否结实，只要膨胀钉

图 9-13　膨胀钉

发生移动就表示不牢固。在检测的时候，不要敲打膨胀钉，要不然，很容易损害膨胀钉。如果觉得膨胀钉不够牢靠，再多设一两个固定点。注意：不要将扁带、绳套等直接连到挂钩上，要通过锁具将挂钩和扁带、绳套等连到一起。否则，挂钩很容易将扁带、绳套等割坏。

（6）岩石锥

岩石锥在早期使用较多，现在已经很少使用（图9-14）。岩石锥的设置存在比较多的隐患，一般尽量不要使用。岩石锥不如膨胀钉耐用，而且经常的热胀冷缩会使得裂缝变大，从而造成岩石锥容易脱落。在使用岩石锥设置的固定点时，要仔细检查岩石锥有没有生锈，周围的岩石是否有风化的现象。那些过度使用、多次尝试拆除但是失败了的、或者是

经历了多次坠落的岩石锥，可能已经发生了变形或者出现了裂痕，要禁止使用。如果原有的岩石锥上还有扁带、绳套等，要检查它们是否磨损，或者被动物咬坏。

岩石锥打入岩石时，要使岩石锥孔靠近岩石，岩石锥与受力方向垂直。经过检查没有问题的情况下，再扣入锁环。注意：锁环不要太靠近岩石。否则，锁环与岩石撞击，很容易使锁环断裂或者打开。在岩石锥只有一部分打入岩石，但是很牢靠的情况下，可以将扁带用单套结、系带结或双套结在靠近岩壁的地方连在岩石锥上。这可以避免坠落的冲击对岩石锥形成杠杆作用。不要将扁带连到岩石锥孔上，这样不但起不到避免杠杆冲击的作用，反而岩石锥孔会磨损扁带。此外，还要注意检查岩石锥的边缘是否锐利，会不会割断扁带。

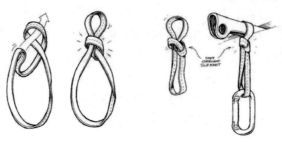

图 9-14　岩石锥

(7) 岩塞

我们还可以利用各种规格、大小的岩塞来设置可以自由拆卸的固定支点。岩塞主要是利用裂缝卡住的力量来承受力量的。基本上，岩塞可以分为两类：没有弹簧装置的基本型岩塞(图 9-15)和有弹簧装置的机械塞(图 9-16)。没有弹簧装置的岩塞一般是头宽底窄，可以滑到裂缝狭窄处卡住的。有弹簧装置的机械塞则通过收缩产生的张力来卡住裂缝。

图 9-15　基本型岩塞　　图 9-16　机械塞

对于岩塞的放置，需要选择好的地点和适用的岩塞种类。一般，裂缝的狭窄处、不规则变化的地方和片状岩后突起的岩石都是可以考虑的地方。放置岩塞的岩质必须坚固，没有植物生长、没有泥土或松动风化的岩石。可以拍打或晃动岩石来检查，看看有没有松动，只要岩石有移动或发出空洞的声响，就必须要另外选择合适的地点。然后，根据岩石结构的不同，选择合适的岩塞。这需要多加练习，培养出敏锐的判断力才行。

根据岩壁的特征和可能的坠落强度来选择合适的岩塞至关重要。岩塞既不可以过大，也不可以过小。在大多数情况下，岩塞失效是因为岩塞被拉出，而不是因为岩塞断掉或破裂。可以沿着岩塞可能受力的方向来拉一拉，看看岩塞是否牢固，而且也能使岩塞因为受力而卡得更紧。放置的岩塞除了要牢固，还要考虑以后能够方便地取下来。

对于机械塞，放置的时候，不能完全收紧，如果完全收紧，不但不能提供最大的承受力，而且岩塞还会卡死在裂缝里面，取不出来；也不能过于张开，如果过于张开，凸轮只有尖端接触岩石，卡不紧，很容易脱落。所以，机械塞在放置的时候既不能太紧，也不能太松，要保证凸轮与岩石有充分的接触面。同时，两片凸轮应该保持平衡，张开的角度要一样。这样，才会比较牢固。如果把机械塞放置到砂岩、石灰岩等软质的岩质中，即使一开始设置的非常好，也可能因为大的坠落而被扯出。

2. 树木

树根深、树干粗壮的树木或者比较大的灌木都是很好的固定点设置位置。但是脆弱、容易晃动的树木或者比较矮的灌木往往不是好的设置位置。枯死的树木要严禁使用。在选择树木或者灌木的时候，可以先用脚推一推来检测它们的可靠程度。对于悬崖边上的树木，尤其要注意，有些时候虽然看着很牢固，但根部可能不是很深，容易发生松动。同时，树木或者灌木生长的位置也会影响它们的牢靠程度，生长在岩石上的往往比较牢固，生长在沙土上的往往不太牢固。

树木上的固定点最好设置在粗壮的树枝上，如果将固定点设置在低的树干上，绳子与地面接触太近容易磨损，也可能造成落石的发生。但是，将固定点设置在树枝上，会对树木产生杠杆作用，因而有可能将树木连根拔起。所以，在树木上设置固定点的时候，需要在两者之间做出平衡。在利用灌木设置固定点时要特别小心。如果有一个灌木固定点，则需要再多设一到两个固定点。在天气寒冷的时候，树木或者灌木会比较脆弱，因此需要特别小心。

常见的连接树木和扁带的方法有两种：

①将成型扁带直接绕过树木，然后用铁锁套住两端。

②如果成型扁带比较短，可以用够长的散状扁带在两头用水结连接成绳套，将绳套绕过树身，然后用铁锁套住两端。

3. 土层

土层上架设保护点与在岩石上打膨胀钉、岩石锥的方式有些类似。但是，因为土层要比岩石松软得多，所以在架设保护点的时候，要将钢钎等打得够深才可以起到比较好的保护作用，一般需要打入 30 cm 以上才可以。同时，因为土层很容易在与绳子等的摩擦中滑落泥土，所以，在架设好保护点后，要将附近的土层进行清理、夯实。在条件许可的情况下，可以考虑用些水泥来加固。

4. 建筑物

在建筑物上，利用人工支架来架设保护点的时候，一要使设置保护点的支架突出建筑物外 60~80 cm，防止绳子离建筑物太近而产生摩擦；二要在支架后端上放置至少下降人员 8 倍的重物来压住支架，防止冲坠产生的力量将支架拉翻。

其他的比较牢固的突起的支点或者材料也都可以用来设定固定点。大家可以根据现场情况来灵活选择，但是必须要进行适当的测试，确保固定点可以承受可能的冲击力。

### 四、攀岩基本要点

①尽量节省手的力量：攀岩是用手和脚，通过寻找岩面上一切可利用的支点，克服攀爬者自身的体重及所携带器械的重量向上进行攀登。所有攀爬者应具有攀岩所需的手臂、手指及腰腹力量。由于手臂力量相对很有限，在攀登过程中，应尽量利用腿部力量而节省手臂力量。

②控制好重心：控制重心平衡是攀岩过程中最关键的问题，重心控制得好就省力，反之，就会消耗许多力量，同时也就影响整个攀登过程。

③有效地休息：在一条攀登路线中肯定是有些地方简单、有些地方难，一口气爬完全程比较困难，除非这条线对你来讲很容易。所以想爬得高一些，应该合理有效地进行休息，一般是到达一个比较合适的位置，以最省力的姿势，边休息边观察下一段要攀爬的线路。

④主动调节呼吸：攀爬一条路线是一个连续的过程，从一开始就应该主动去调节呼吸，不应该等到快坚持不住了再去调整。

⑤保护操作规范到位：攀岩过程中的保护技术是每位攀登者都应该掌握的技术，操作时必须做到规范，注意力集中，认真负责。

## 第二节　下降技术

根据野外路线情况，可以采取多种下降方式。如果有小路，选择走下来自然是最安全；如果路线相对简单，也可以选择爬下来，还可被保护员放下来和利用绳索自行下降等。原则上，技术操作环节越少的下降方式越应该首选，但有保护点的绳索下降安全性和效率相对较高，这就要需要根据具体情况进行选择。

### 一、利用下降器下降

在坡度45°以上的山坡、峭壁、雪坡下降时，必须配备一定的装备和技术。利用下降器下降是登山中最常用的下降方法。其原理是利用主绳同连接于身体上的器械之间的摩擦，减缓并控制下滑速度，从而达到下降的目的。

### （一）下降技术装备

下降技术装备应按表9-2中所列要求进行配备。其中，3把主锁分别用于连接自我保护、连接下降器和连接抓结，长扁带或者菊绳用于连接自我保护，抓结主要用于下降过程中的副保护。

表9-2　下降技术装备配备表

| 名称 | 数量 | 规格 |
| --- | --- | --- |
| 安全带 | 1 | 攀岩用坐式安全带，腰带宽厚 |
| 主锁 | 3 | 丝扣锁 |
| 下降器 | 1 | 8字环、ATC均可 |
| 长扁带/菊绳 | 1 | 长120 cm |

| 抓结 | 1 | 直径 6 mm |
| --- | --- | --- |
| 头盔 | 1 | 攀登用 |
| 手套 | 1 | 可选择 |

### (二) 下降器的操作步骤与使用要求

1. 设置自我保护

任何一位攀登者到了高处以后,均应先给自己设置自我保护(图9-17)。因为此时,身处高台的你并不确定脚下是否平稳,所以第一时间给自己设置自我保护就显得尤为重要。由于站在岩壁顶上操作空间很狭小,很容易出现踩空、挤碰、脚滑等情况,造成不必要的摔伤。设置自我保护的方法为:用菊绳或长扁带连接安全带的攀登环,用主锁连接后设置自我保护;自我保护位置选择点要足够安全,并尽可能靠近下降绳;主锁丝扣要拧好并保持纵向受力(即不与连接点挤压碰撞)。

图 9-17　设置自我保护

图 9-18　连接抓结

2. 连接抓结

抓结在下降中发挥辅助制动保护的作用(图9-18),当保护器失控时,与主绳产生摩擦实现制动的效果。抓结的粗细、长短直接决定了其制动的效果,一般选用直径6 mm,长度1 m左右的辅绳用双渔人结连接后使用效果最佳。当抓结连接好后一定要进行测试,否则当下降时发现抓结太紧或失效,那么它不仅无法发挥作用反而成了累赘。连结抓结的方法为:抓结绳套缠绕主绳3圈后与安全带的腿带用主锁相连,缠绕的具体圈数要视绳子的直径而定;进行抓结原地测试,检验抓结是否发挥作用;拧紧铁锁丝扣。

3. 连接下降器

下降中使用的下降器通常就是保护器(图9-19),但特殊情况的下降也要考虑装备的差异。有些保护器只作为保护使用,也可临时供下降使用,如GRIGRI。在进行长距离下降时(通常超过50 m),随着下降速度会越来越快,绳索与保护器之间的摩擦越来越小,下降人员通常会感觉手根本握不紧绳索,此时就要考虑使用长距离专用下降器了,如STOP、RACK等,因为这些专用下降器与绳索缠绕的点更多,从而产生的摩擦力会更大。我们这里仅以常用的ATC为例进行操作说明。

①主锁连接ATC的连接环并扣入安全带的下降环。

②下降绳采用环绕方式与ATC连接。

③将连结下降绳的ATC取出并将连接环与铁锁相连，在保证绳索不扭曲的前提下将丝扣拧紧。

④将多余的下降绳收至最紧。

⑤将抓结也收紧至靠近下降器的位置。

#### 4. 系统确认

在下降器和抓结均与绳子连结后，攀登者就需要开始下降了。但在下降前，系统确认的环节是非常重要的（图9-20），因为一旦把自我保护解除后就意味着攀登者完全转移到了下降绳上，所以要保证万无一失必须进行系统确认，系统确认的方法如下。

图9-19　连接下降器

图9-20　系统确认

①确认安全带、头盔等所有装备的穿戴无误。

②确认保护站系统正确无误。

③确认抓结有效。

④确认下降器的安装方向正确、无扭曲。

#### 5. 负荷（重量）转移至主绳

将负荷（重量）转移至主绳时应采取以下操作。

①制动手紧握抓结下方的绳子（图9-21）。

②此时身体重心向下座，使重量全部转移到下降绳上，使自我保护松弛，使身体处于下降的姿态。

③另一只手解除自我保护并扣入安全带的装备环。

图9-21　负荷转移至主绳

图9-22　开始下降

6. 开始下降

①随时观察和选择下降路线。

②控制速度做到匀速下降。

③注意脚下落石，及时提醒下方人员（图9-22）。

7. 下降结束、解除装备

①下降者保持身体平稳，避免踩踏绳子。

②将连接下降绳的8字环从主锁中取出并扣进8字环的大环。

③将下降绳从8字环中取出（图9-23）。

④将连接8字环的主锁扣进安全带的装备环。

⑤将抓结从主绳上取下并连同主锁一同扣进安全带的装备环。

⑥将下降绳理顺，避免缠绕、扭曲。

图 9-23　下降结束、解除装备

### （三）下降的基本技术动作

下降按照场地的不同分为坡面下降和悬空下降。其中坡面下降通常在岩壁、大坝等有坡度的面上进行，而悬空下降多为桥降、高台下降等。由于悬空下降中运用不到过多的技术，本书以坡面下降为例进行说明。

1. 绳索位置

下降时，一般将绳索置于制动手身体的一侧，但悬空下降时多将绳子垂于两腿之间。

2. 身体姿势

双脚开立，与肩同宽或略宽于肩，使身体呈正三角形最稳固。脚掌尽可能与下降坡面接触，微微屈膝，并轻点岩壁。上半身保持直立，头略向后仰，以免太紧烫伤皮肤或者将头发卷入下降器中。整个身体要保持放松状态，不要紧绷，以免因动作僵持走形而引发肌肉痉挛。

3. 下降动作

下降时双脚轻蹬岩壁或坡面，保持匀速下降。切忌双腿猛蹬岩快速下降，这样会造成绳索的摆动过大从而增大顶端的摩擦力，严重时会将绳皮磨破。速度不均也会造成下降时的卡顿，对保护点造成很大的的冲击。要避免这些情况的发生，就要求制动手有良好的感觉来控制，还需要有对抓结的良好控制，制动手（右手）握住抓结下方的绳子，与此同时，导向手（左手）应握住抓结并匀速向下推抓结。

4. 路线选择

整个下降过程中都需要攀登者密切注视下降路线，避免绳索和身体与下降坡面产生摩擦或不必要的接触。路线选择不当，下降速度严重过快还会造成攀登者受伤。快接近地面时应注意绳索的位置，避免踩踏。

### (四)下降中的保护与制动技术

在野外实习中为了能够在岩壁上近距离的观察、采集、拍摄植被或其他生物,都会用到下降技术。这时,就需要在下降过程中对下降者实施保护制动,或下降者采取自我保护与制动措施。

1. 下降时下方徒手保护操作的动作要领

①在下降者准备翻出下降坡面的时候双手握住下降绳。
②当下降者解除自我保护后,保护者手抓绳索,保持一定松度。
③保护者始终抓绳,并根据下降者下降的速度调整松紧度直至下降者落地。
④保护者应站在下降者的侧后方,并佩戴头盔。
⑤保护者必须全程密切注视下降者并随时提醒其可能出现的危险。

2. 下降者的自我制动技术

(1) 使用抓结制动

如果下降前打了抓结并经测试有效,在下降过程中如需制动,双手可以慢慢松开抓结,此时身体重量立即转移至抓结上,就实现了制动。这种方法简便、行之有效,但对抓结的要求很高,打结的位置要适中,如果太靠近下降器,在制动时有可能会卷入下降器中,再想解开就非常困难了;如果太短受力后也会卡死,要想推动它也很费力。此外,也有的下降者习惯将抓结打在下降器的上方,需要制动时一定要慎重,如果长度过长,受力后可能手无法触及。

(2) 绳索绕腿的方法

这种制动的方法比较古老,但效率也很高。具体方法是将制动手一侧的绳索提起环绕在大腿正中的位置,至少3圈即可。有一点要注意,就是无论环绕还是解除时制动手都不得离开绳索。由于这种制动方法就是靠绳索与腿产生摩擦生效,所以对大腿的压力很大,严重影响血液循环,时间一久就出现腿麻、痉挛等症状,所以只用于短时间的制动。

(3) 制动绳结的应用

如果要在半空长时间制动,就必须使用相应的绳结和方法,通常采用的下降器8字环和ATC采用不同的制动方法。

8字环:在8字环上制动是比较简单的,即将制动手上的绳索向上提回压到绳索里,重复两次即可。

ATC:在这类保护器上制动时,就需要使用防脱结,这个绳结是最安全的办法。该绳结也是在许多救援系统中经常使用的,能够较好地实现制动并将下降者的重量转移出来。

(4) 使用自动保护器制动

如果下降在距离在50 m之内,可以利用GRIGRI进行下降,在下降到需要制动的位置,停止扳动GRIGRI把柄,重心下压,GRIGRI自动就会制动,双手就可进行其他操作。

### (五)下降注意事项与经验分享

①下降如果遇到屋檐或陡坎,先将身体重心后坐直至下降到屋檐下方时再将双腿离开,以免因摆荡过大造成身体各个部位受伤。

②抓结打的位置要适中，距离下降器越近就越容易卡到下降器里面，手套也容易卷进去。

③任何时候都记得要打绳尾停止结，目的是保障下降过程中不会因为绳子不够长，而造成下降器直接从绳尾末端脱出，出现人员坠落。因次，这是一种良好的操作习惯，一旦养成，会终生受益。

④任何情况下的下降都要匀速缓慢，不要一味追求速度，更不要握绳后在岩壁上荡来荡去或者与岩壁接触的一刹那脚用力过猛，这些大幅度的摆荡无论对绳索还是保护点都是会产生巨大的冲击，这样做无异于是拿自己的生命开玩笑。

⑤下降过程中，脸、头发、衣服都要尽量远离下降器，以免烫伤或者卷到里面去。留有长发的女士应当把头发扎起来或者带上头巾，还可以用一根扁带延长下降器与身体的距离，这样就万无一失了。

## 二、意大利半扣结下降

在没有下降器的情况下，可用铁锁与意大利半扣结连接代替下降器，下降方法和动作要领与利用下降器下降的方法相同。

## 三、坐绳下降

这种方法是利用主绳与身体的直接摩擦而减慢下降速度的。坐绳下降首先要进行准备动作，面向固定绳端，两腿夹住上方固定好的主绳，将身后主绳沿右腿外侧绕至前面，经过腹、胸、左肩至背后，拉至右侧用右手在胯后将其握住，握绳时虎口朝上。

下降方法及动作要领与下降器下降基本相同。此方法适宜在仅有主绳的情况下采用。下降时，应身着较厚耐磨的衣服，一定要熟练握动作要领维持好身体平衡。经右大腿部的主绳不能移位或脱离，右手始终握住主绳，随身体的下降逐渐松动主绳。下降速度要有节奏，不宜过快。

为了保证安全，登山者可采用双主绳练习，即用一条主绳下降，另一条主绳下端连接在下降者的胸绳上或腰部的安全带上，做上方保护，保护者与下降者协调配合完成下降操作。初学者也可在胸绳上端（右手握绳处）打抓结，这样一旦动作失误，抓结可起到保护作用。

## 四、缘绳下降

当坡度小于90°时可采用缘绳下降，只要有一条主绳就可进行该下降操作。缘绳下降是将主绳在岩壁上方固定，余下的主绳扔至崖下，下降者主绳上打好抓结，另一端与腰部安全带上的铁锁连接。抓结到连接处的距离不宜过长，也不宜过短，以手臂伸开能抓住抓结为限。下降者面向固定点，两腿分开站到坡面上时一定要拉紧主绳，并抓住抓结方可开始下降。

下降方法及要领：沿主绳依次向下倒手，在倒手时一手先将抓结捋下，两脚随着双手的下移，也同时向下倒步，前脚掌尽量踩住突起的岩石或棱角上，以便减轻手臂的负担，倒手和移步要有节奏地协调配合，两腿稍分开，以便使身体保持平衡。倒手时握住主绳的手一定要抓紧。

## 第三节　野外攀登和下降的安全规范

随着社会发展和科技进步，越来越多的安全技术装备应用到各个领域的安全工作中来。在野外实习中，专业装备的应用虽然可以大大提高实习的效率和质量，但也带来了极大的风险挑战，特别是在野外攀登和下降的环节中。因此，一定要提高安全保护意识，更要做到规范操作。针对野外攀登和下降的操作安全规范如下。

①攀登岩石峭壁前应对岩石进行细致的观察，识别岩石的质量和风化的程度，然后确定攀登的方向和路线，在观察清楚攀岩路线后，注意可能遇到的难点，并考虑好克服困难的方法。

②操作前，必须将攀登或岩降场地所用的保护绳设置好，上方的固定保护支点必须是两个点。

③在攀登岩石峭壁前还要做好准备活动，并检查确定必需的装备器是否够用，保护装置是否牢固。

④练习前，必须检查安全带穿带是否正确。检查内容包括：安全带是否在髂骨上方、安全带主带是否系紧、安全带主带是否反扣、连接保护绳的主锁丝扣是否拧紧锁好等。

⑤攀登时保持"三点固定"，以便更稳当地移动到其他支点。对每一个支点都要选择最近的和最稳固的。

⑥保护者必须做好自身的安全保护，经常检查连接自身的固定保护点的牢固性，绳索、绳结及安全带的状态等。

⑦在操作过程中必须经常检查保护点的牢固性和所系绳结是否有松动及绳子的磨损情况。

⑧在岩降操作时，必须设置一条自我保护绳对下降者进行保护。下降者必须做好自我保护后才可到岩壁边进行安装下降器的操作，完成安装下降器的操作后，先连接好下降绳，再取下自我保护绳进行岩降操作。

⑨保护者必须认真观察练习者攀登或岩降的整个行动过程，及时收绳或放绳，及早发现问题并及时进行保护。

⑩攀登途中遇到浮石或松动的石块一定不要乱扔，可放置在安全处或通知下方的同伴注意后再做处理。

⑪攀登岩石时，身体不要紧紧地贴在岩石上，这样不仅不利于攀岩而且容易造成滑坠擦伤和碰伤。

⑫在攀登过程中，切忌抓草或小树枝等作支点。

⑬攀岩时，要注意手脚的配合，保持身体的平衡。另外，在选择立足点时一定要使脚有可靠而便利的固定点。

⑭必须戴安全帽进行攀岩和下降。攀岩和下降时头脑要始终保持清醒，遇到意外情况

一定要镇静。

**思考题**
1. 简述缘绳攀登法的技术要领。
2. 简述野外保护的形式、方法和注意事项。
3. 简述野外保护站设置原则和要点。
4. 简述野外下降技术操作的步骤和要求。

# 第十章 野外常见风险的防范与处理

> **导言**：作为一名野外工作者，需要学习和掌握野外公共安全知识、灾害知识、防灾救灾和自救知识，以及具备野外风险识别能力、应急处置能力和自救能力。平时应积极预防，防患于未然；应急时迅速科学地开展自救、互救和及时求救，最大限度地减少伤害和损失。本章共分三节，分别是自然灾害的防范与处理、意外事故的防范与处理、常见伤病的防范与处理。

## 第一节 自然灾害的防范与处理

### 一、气象灾害

#### （一）体温过高的预防与应对

酷热指数是指一种综合空气温度和相对湿度来确定体感温度的指数，即真正感受到的热度。人体通过排出汗液来达到降温的目的，相对湿度会影响汗液蒸发率。从表 10-1 可以看出：在相同气温条件下，空气相对湿度越大，感知温度越高。例如，如果空气温度是 32℃，空气相对湿度是 40%，则感知温度为 33℃；而当相对湿度为 90% 时，感知温度将达到 50℃。在高温与高湿的环境中，人如果过度疲劳很可能导致身体过热。这会引发一系列的问题，如热痉挛或中暑虚脱。

表 10-1 酷热指数表

| 气温(℃) | 空气相对湿度(%) | | | | | | | | | | | | |
|---|---|---|---|---|---|---|---|---|---|---|---|---|---|
| | 40 | 45 | 50 | 55 | 60 | 65 | 70 | 75 | 80 | 85 | 90 | 95 | 100 |
| 47 | 58 | | | | | | | | | | | | |
| 43 | 54 | 58 | | | | | | | | | | | |
| 41 | 51 | 54 | 58 | | | | | | | | | | |
| 40 | 48 | 51 | 55 | 58 | | | | | | | | | |
| 39 | 46 | 48 | 51 | 54 | 58 | | | | | | | | |
| 38 | 43 | 46 | 48 | 51 | 54 | 58 | | | | | | | |
| 37 | 41 | 43 | 46 | 47 | 51 | 53 | 57 | | | | | | |
| 36 | 38 | 40 | 42 | 44 | 47 | 49 | 52 | 56 | | | | | |

(续)

| 气温(℃) | 空气相对湿度(%) | | | | | | | | | | | | |
|---|---|---|---|---|---|---|---|---|---|---|---|---|---|
| | 40 | 45 | 50 | 55 | 60 | 65 | 70 | 75 | 80 | 85 | 90 | 95 | 100 |
| 34 | 36 | 38 | 39 | 41 | 43 | 46 | 48 | 51 | 54 | 55 | | | |
| 33 | 34 | 36 | 37 | 38 | 41 | 42 | 44 | 47 | 49 | 52 | 55 | | |
| 32 | 33 | 34 | 35 | 36 | 38 | 39 | 41 | 43 | 45 | 47 | 50 | 53 | 56 |
| 31 | 31 | 32 | 33 | 34 | 35 | 37 | 38 | 39 | 41 | 43 | 45 | 47 | 49 |
| 30 | 29 | 31 | 31 | 32 | 33 | 34 | 35 | 36 | 38 | 39 | 41 | 42 | 44 |
| 29 | 28 | 29 | 29 | 30 | 31 | 32 | 32 | 33 | 34 | 35 | 37 | 38 | 39 |
| 28 | 27 | 28 | 28 | 29 | 29 | 29 | 30 | 31 | 32 | 32 | 33 | 34 | 35 |
| 27 | 27 | 27 | 27 | 27 | 28 | 28 | 28 | 29 | 29 | 29 | 30 | 30 | 31 |

1. 体温过高的类型

根据程度不同，体温过高分为感觉热、热衰竭、热射病(中暑)、低血钠症。

2. 引发原因

高温、衣着不当、缺水、疲劳过度、活动时间过长、睡眠不好。

3. 主要症状

感觉热：疲劳无力、脉搏加快、可能伴随口渴。

热衰竭：注意力不集中，神智状态下降，动作迟缓，皮肤温度略高，常常伴随大量出汗。

热射病(中暑)：体温超出身体器官可承受范围，常常高于40.5℃。意识水平下降，意识模糊或昏迷。皮肤滚烫，表面或潮红或苍白，严重者出现抽搐。

低血钠症：补充了过量的体液而并未排泄体液，导致电解质浓度降低。表现为恶心、头疼、无力，意识水平下降但体温接近正常，严重者出现抽搐。

4. 预防手段

合理安排活动时间，早出发，避开正午炎热的时段。行前保证充足的睡眠。不要带着不好的心情或者压力参加活动。头部降温，短时散热。参加活动时，穿着易散热的衣服。穿越途中，可以用水把帽子浸湿，进行适当的头部降温。在烈日照射不到的地方行走时，及时把帽子摘下，短时散热。休息时选择能避开烈日暴晒及通风良好阴凉的地方休息。休息的时候要快速卸下背包，取下帽子，解开衣袖与领口纽扣，挽高裤腿，快速散热。注意行走的节奏，避免过度疲劳。少量、多次、科学、合理、及时地补充水分及含盐食物，适当搭配一些含丰富电解质的运动饮料。

5. 处理方法

脱离高温环境为患者降温，解下多余衣物，可将水雾化喷洒于身体核心躯干部位，配合通风散热。若伤患口渴则为其同时补充水和电解质。若病人病史为大量饮水后导致电解质浓度降低的，则限制饮水，适当补充食物。昏迷的病人清醒后，仍需送至医院做进一步健康评估。处理体温过高六要诀：

脱离高温解衣物，将水雾化来降温，核心躯干需喷洒，配合通风效果佳，若是口渴补水分,饮水过量需谨慎。

### (二)脱水的预防与应对

水是人体必需的物质,在体温没有发生变化的情况下,没有水人只能生存3~4 d。人体每天大约消耗2.5 L的水,这些水通过尿液、呼吸、汗水、粪便等方式排出。体液的流失必需通过饮水和食物的途径得以补充,所以要定时、少量多次地进行水分补充。脱水会导致身体不适,判断力和协调性下降,容易引发高原疾病、低温症和中暑,严重的甚至造成脱水死亡。高温、呕吐、腹泻都可能引发脱水。脱水的主要症状包括:口渴、尿量减少、尿色变深、皮肤起皱、体力透支、食欲下降等。为预防脱水,应视出汗情况,在活动前、中、后分别少量多次补充含电解质的运动饮料,既保障健康又提高体能。预防脱水六箴言:及时补水很必要,饮水添加电解质,少量多次要牢记,尿少色深要警惕。

### (三)晒伤的预防与应对

当进行长时间的野外实习时,务必要注意防晒。皮肤在紫外线下过分暴露会造成皮下的微血管扩张,把较多的血液带到皮肤表面来,皮肤因而发红、变热。

1. 预防措施

实习之前应根据天气情况、海拔,涂抹适当倍数的防晒霜(SPF一般要大于30)。可以穿着防紫外线的衣物,佩戴太阳帽、墨镜、头巾等。

2. 晒伤的处理办法

使用止痛药,如阿司匹林可缓解轻度至中度的红肿、痒痛。湿敷或用布包住冰块敷在受伤的皮肤上,可缓解疼痛,但不能用冰块直接接触皮肤。使用无刺激性的香皂彻底清洗晒伤的部位,然后涂上滋润皮肤的乳液或芦荟胶。可使用新鲜芦荟直接涂在患部,帮助伤口复原,还可洒上爽身粉,减少睡觉时睡袋或衣服与皮肤的摩擦。

### (四)冻伤的应对与预防

冻伤是攀登者在高海拔攀登过程中或在严寒地区作业时,如果某个肢体部位过度暴露于低温下,导致血管和组织冻结、组织水肿、水泡、局部缺血及组织坏死。

1. 冻伤类型

在医学上,按照冻伤的程度共把冻伤分为四个等级。

Ⅰ度冻伤:即常见的冻疮,受损在表皮层,受冻部位皮肤红肿充血,自觉冻伤部位热、痒、灼痛。症状在数日后消失,愈不留瘢痕。

Ⅱ度冻伤:伤及真皮浅层,冻伤部位除红肿外,还伴有水泡。深部可出现水肿,剧痛,皮肤感觉迟钝。结痂后可痊愈。

Ⅲ度冻伤:伤及皮下组织,冻伤部位红肿并有大水泡,冻伤部位皮肤呈现黑色或紫褐色,痛感丧失。Ⅲ度冻伤会给组织造成不可逆转的伤害,伤后除遗留瘢痕外,还可能有长期感觉过敏或疼痛。

Ⅳ度冻伤:伤及肌肉和骨骼。发生干性和湿性坏疽会导致截肢。

2. 冻伤的预防方法

冻伤多发生在手脚等肢体末端的地方,根据"选择合适的装备是攀登山峰的第一要素"

这个原则，建议冬季在天目山实习时，要选择穿着高山靴，在较冷的环境下要佩戴羽绒并指手套等。应保持身体干燥。脚比较容易出汗，一定要准备好干爽的备用袜子，每天到达营地后和出发时都需要穿上干爽的袜子。鞋子、手套等都不能过紧，过紧会影响到血液循环，增大冻伤的几率。不要随意脱手套，有超过一半以上的冻伤都是因为在攀登中手套掉落，或者登顶后脱下手套拍照造成的。缺氧会导致毛细血管收缩，使冻伤更容易发生，所以吸氧在一定程度上能够降低冻伤发生的概率。

3. 冻伤的治疗

(1) 判断是否复温

如果冻伤部位在复温后，有可能在之后的行程中再度冻伤，则不可复温。外伤和行走可进一步加重冻结组织的损害。被冻的时间越长，对冻伤部位的损害越大。如果情况不允许现场复温，则应注意保持冻伤部位的清洁、干燥，使用无菌绷带包扎冻伤部位并服用抗生素免受感染，直到复温。

(2) 复温处理

如果冻伤的攀登者已经抵达营地，且攀登队携带了治疗冻伤所必需的药物，则可尝试对其冻伤的部位复温。复温只需要将攀登者冻伤部位浸泡在36℃以上的温水即可，水温不可高于40℃。每次20~40 min，每天2~3次。

(3) 复温后处理

在完成复温后，如果冻伤部位有伤口可以先使用消毒剂洗净(清洁)，然后使用云南白药覆盖整个冻伤面(保持干燥)，并用纱布或绷带包扎冻伤处，2天换药1次。冻伤部位注意保暖防止再度冻伤。可以让冻伤的攀登者口服异丁洛芬，每天3次，每次400 mg。

4. 冻伤后的注意事项

①冻伤发生后，严禁用雪搓和捶打冻伤部位。在冻伤的急性期，必须避免伤肢运动，防止外力损伤。急性炎症一旦消散，应尽早活动指(趾)关节，防止关节僵直，有助于肌张力的恢复。

②伤口的清理最好用生理盐水，碘伏也可，而不用酒精。要避免饮酒。

**(五) 失温的预防与应对**

1. 引发原因

失温就是身体产热和保暖的能力长时间小于散热的能力，因而导致体温越来越低的现象。人在有风的环境中，体感温度会因为风的影响低于实际气温，导致人更容易失温。例如，在寒冷且大风的山上，天黑降温但仍穿着湿的内衣，服装又不够保暖，躺下后不再运动，身体产热低于散热，就容易导致失温。失温与否取决于两个因素：身体产热、保暖的能力与散热的速度。衣物湿寒、体表风冷、饥饿、疲劳、年老体弱等均可引起失温。风大时，流动的空气不断把热量由体表移走，这使体感温度在有风时较实际气温更低。因此穿着湿衣物、暴露在寒风中，会使得体温过度降低(即失温)的风险大大增加。特别需要注意的是，由于风的存在，30℃以下的温度都可能导致身体失温，具体见表10-2。

表 10-2 风寒指数表

| 风速(km/h) | 气温(℃) | | | | | | | | | | |
|---|---|---|---|---|---|---|---|---|---|---|---|
| | 5 | 0 | -5 | -10 | -15 | -20 | -25 | -30 | -35 | -40 | -45 | -50 |
| 5 | 4○ | -2○ | -7○ | -13○ | -19○ | -24○ | -30△ | -36△ | -41▲ | -47▲ | -53□ | -58■ |
| 10 | 3○ | -3○ | -9○ | -15○ | -21○ | -27△ | -33△ | -39△ | -45▲ | -51□ | -57■ | -63■ |
| 15 | 2○ | -4○ | -11○ | -17○ | -23○ | -29△ | -35△ | -41▲ | -48□ | -54□ | -60■ | -66■ |
| 20 | 1○ | -5○ | -12○ | -18○ | -24○ | -30△ | -37△ | -43▲ | -49□ | -56■ | -62■ | -68■ |
| 25 | 1○ | -6○ | -12○ | -19○ | -25○ | -32△ | -38△ | -44▲ | -51□ | -57■ | -64■ | -70■ |
| 30 | 0○ | -6○ | -13○ | -20○ | -26○ | -33△ | -39△ | -46▲ | -52□ | -59■ | -65■ | -72■ |
| 35 | 0○ | -7○ | -14○ | -20○ | -27○ | -33△ | -40▲ | -47▲ | -53□ | -60■ | -66■ | -73■ |
| 40 | -1○ | -7○ | -14○ | -21○ | -27○ | -34△ | -41▲ | -48□ | -54□ | -61■ | -68■ | -74■ |
| 45 | -1○ | -8○ | -15○ | -21○ | -28△ | -35△ | -42▲ | -48□ | -55■ | -62■ | -69■ | -75■ |
| 50 | -2○ | -8○ | -15○ | -22○ | -29△ | -35△ | -42▲ | -49□ | -56■ | -63■ | -69■ | -76■ |
| 55 | -2○ | -8○ | -15○ | -22○ | -29△ | -36△ | -43▲ | -50□ | -57■ | -63■ | -70■ | -77■ |
| 60 | -2○ | -9○ | -16○ | -23○ | -30△ | -36△ | -43▲ | -50□ | -57■ | -64■ | -71■ | -78■ |
| 65 | -2○ | -9○ | -16○ | -23○ | -30△ | -37△ | -44□ | -51□ | -58■ | -65■ | -72■ | -79■ |
| 70 | -2○ | -9○ | -16○ | -23○ | -30△ | -37△ | -44□ | -51□ | -58■ | -65■ | -72■ | -80■ |
| 75 | -3○ | -10○ | -17○ | -24○ | -31△ | -38△ | -45□ | -52□ | -59■ | -66■ | -73■ | -80■ |
| 80 | -3○ | -10○ | -17○ | -24○ | -31△ | -38▲ | -45□ | -52□ | -60■ | -67■ | -74■ | -81■ |

注：○表示多数人冻伤风险低；△表示空气中暴露 10~30 min 即可冻伤；▲表示 5~10 min 即可冻伤；□表示 2~5 min 即可冻伤；■表示 2 min 内即可冻伤。

2. 主要症状

（1）轻度失温（人体核心区温度 35~37℃）

身体感到寒冷，浑身不停颤抖，但是颤抖还处于可控范围，手脚感到僵硬和麻木，一些细致的手上工作无法完成。

（2）中度失温（人体核心区温度 33~35℃）

乏力嗜睡，反应力下降，手无法完成一些最为基本的动作和工作，走路有可能磕磕绊绊，说话也开始含糊不清。

（3）重度失温（人体核心区温度 30~33℃）

该阶段非常危险，人的意识开始变得模糊，对冷的感觉变得很迟钝，甚至不觉得冷。活动能力变差逐步发展为丧失活动能力，站立和行走困难，甚至无法站立和行走。语言表达能力部分或完全丧失，身体由剧烈颤抖发展为间隙性颤抖，间歇时间越来越长最后不再发生颤抖。

（4）死亡阶段（人体核心区温度 30℃以下）

人体基本上处于死亡边缘，全身肌肉僵硬，脉搏和呼吸微弱难以察觉，意志丧失以至于昏迷，外界微小的冲击都有可能导致心脏停止跳动，该阶段的最后结局是死亡。

以上是从轻度失温到死亡的整个过程。在最初的轻度失温和中度失温阶段，低温症患者还可以凭借自身产生的热量来予以改善,但是如果在前两个阶段没有引起重视而进入重度失温的话,低温症患者仅靠自身已经无法维持生命。在这个时候,如果他人对患者没有进行正确的处理,那就极其危险,甚至会导致患者死亡。

3. 预防手段

针对失温产生的原因,预防办法主要从湿、冷、风三个方面入手。不要让寒冷、大风和湿衣服三种条件同时存在。在寒冷、大风天气要注意保暖,及时更换湿衣服,尤其是雨雪天气,不要穿着湿衣服继续行进或休息。行进途中要密切关注自身及队员身体状况,及时发现问题并处理;合理安排行进路线及作息时间,避免长时间暴露于低温环境中,及时休息并补充热量;勤换衣服,保持身体干爽,注意保暖防寒。

4. 处理方法

失温一旦发生,要科学地进行处理,否则将造成无法挽回的后果。处理方法包括:

①使患者脱离低温恶劣环境,保持一定体力,停止登山活动或者紧急扎营。

②及时脱下寒湿衣物,更换干的保暖衣物。

③帮助患者适当进食热水、含糖的高热量食物。

④使患者保持清醒状态,与其不断交谈,鼓励其颤抖。

⑤对待轻微的失温病人可以采用40℃温水浸泡、火堆取暖等方法使其回温。

⑥如果进入严重失温状态,采用温水浸泡比较危险,因为重度失温者表面回温后,表皮毛细血管扩张会导致血液中毒素回流,所以要就地取材制作保温包裹,同时尽早将其送往医院。

⑦失温或冻伤的部位切勿用力揉搓或擦拭,因为这极易因机械用力造成受伤部位的二次损伤。

⑧患者忌饮酒,忌通过剧烈运动回温,忌擦拭或按摩按摩患者四肢。

失温处理四要诀:

停登山,急扎营,低温环境要脱离;脱湿衣,换干衣,保暖衣物护身体;喝热水,补热量,高能食物不能离;多观察,勤交谈,保持清醒多鼓励。

## 二、地质灾害

### (一)山洪的预防与应对

1. 引发原因

持续降水容易引发山洪。原来清澈的溪水突然变得浑浊就是山洪暴发的先兆。山区出现强降水时,由于短时间内降水量很大,使得地表来不及吸收雨水,冻土与岩石地表也会阻止雨水下泄,这些会加剧山洪的威胁。切勿低估山洪暴发的威力,小溪的流水往往由于上游降下大雨,雨水集涌而下,数分钟内便演变为巨大山洪。如实习者恰在溪流中,极易被洪水冲走,导致死亡。

2. 预防手段

除非是有准备的溯溪活动,否则不要沿溪涧河道远足。夏天雨季,或暴雨后切勿涉足溪涧。下雨的时候不要在河道逗留休息,尤其在河道下游。开始下雨时应迅速离开河道,往两岸高地走。切勿尝试越过已被河水淹没的桥梁，应迅速离开河道。不要尝试涉过水深已达膝盖的溪流。

3. 规避办法

下雨的时候要密切注意观察下雨量的变化，尤其在峡谷、溪谷中活动时。流水湍急、浑浊、夹杂沙泥和腐烂树木往往是山洪暴发的先兆，应迅速远离河道、溪谷。当雷暴活动加剧时，要避开最易汇水的长沟和河床以下的平坦延伸地带。山洪来临后，应尽快离开易受洪水淹没的地区，必要时应快速丢弃沉重的装备向高处转移。如果不幸掉进湍急的河水里，应抓住随山洪冲来的大树木，或抓紧岸边的石块、树干或藤蔓，设法爬回岸边或等候同伴救援。

### （二）泥石流的预防与应对

1. 引发原因

泥石流通常在每年七八月的降雨频繁季节比较容易发生。泥石流伴随有各种物质，其中水体来自于降雨、水库溃决、冰雪融化等，固体碎屑物大多来源于山体崩塌、滑坡、岩石表层剥落、水土流失、原泥石流的堆积物。易发地大多是在储存固定物质的集水盆、沟谷或坡度陡的坡谷。

2. 泥石流发生的预判

在野外实习时，以下情况的出现往往预示泥石流的发生：正常的流水突然断流或者洪水突然增大，并夹杂较多的柴草、树木；深谷内传来类似火车的轰鸣声或者闷雷声，就算是极其微小，也应判定泥石流已经形成，要迅速离开；河谷溪谷深处突变昏暗并伴有塌方现象时，不是山洪就是泥石流。

3. 预防措施

为防止泥石流对野外实习人员造成伤害，可采取以下预防措施：不要在大雨天或者连续阴雨天的情况进入溪谷；泥石流常滞后于大雨、暴雨而发生，不可存侥幸心理；峡谷、溪谷中进行活动时天气变坏，下雨的时候要密切注意观察降雨量的变化；开始下雨时应迅速离开河道，往两岸高地走，行进的路线应高于河水最高水位线；营地切忌建在沟床岸边、较低的阶地、台地、坡脚、河道拐弯的凹岸或凸岸的下游。

4. 规避方法

当遭遇泥石流时，野外实习人员可采取以下方法进行规避：不可沿沟向上或者向下跑，而应向两侧山坡跑，快速离开河道、河谷、溪谷地带；不可在土质松软、不稳定的斜坡停留；切勿上树躲避。

### （三）崩塌的预防与应对

崩塌是指陡峭山坡上的岩体、土体或碎屑层，主要在重力作用下突然发生急剧的崩落、翻转和滚落，在坡角形成倒石堆或岩屑堆的现象。崩塌有以下几个特点：

①速度快，有时可达到自由落体的速度。

②体积变化大，小者可小于 1 m³，大者可达几亿立方米。

③块体经过崩塌后已不具备之前岩体或土质的任何结构。

④运动块体没有固定的滑动面。

2. 崩塌的类型和原因

根据崩塌体的移动形式和运动速度可将崩塌划分为：板状崩塌、岩崩、岩石剥落和粒状崩解。崩塌的形成条件主要有三个方面，即地貌条件、地质条件和气候条件。地貌方面，一般崩塌仅发生于陡峭且较高的坡地上，坡度通常大于45°；地质方面，节理、断层等对崩塌都有影响；气候方面，一般来说崩塌与强烈的物理风化密切相关，在干燥、日温差与年温差较大的地区多见，融冻过程强烈的季节和地区崩塌比较严重。

触发崩塌的主要因素包括：暴雨、融冰化雪、爆破、地震、人工开挖等。

3. 预防措施

为防止崩塌时野外实习人员造成伤害，野外实习人员应采取以下措施加以预防：暴雨时或连日大雨后，避免走近或停留在陡峭山坡附近；识别崩塌倒石堆，尽可能绕过倒石堆区域；斜坡底部或疏水孔有大量泥水透出时，显示斜坡内的水分已饱和，斜坡中段或顶部有裂纹或有新形成的梯缎状、露出新鲜的泥土，都是倾泻崩塌的先兆，应尽快远离这些斜坡；如遇倾泻崩塌阻路，切勿尝试踏上浮泥前进，应立刻后退，寻找安全路径继续行进或终止行程。

4. 处理办法

若有人被崩塌泥石掩埋，切勿随便尝试自行救援，以避免造成更多人员伤亡，应立刻通知有关部门进行救援。若被崩塌物击中，应先把伤员运送到安全地带再进行施救。

### （四）雷击的预防与应对

雷电是伴有闪电和雷鸣的自然现象。雷电灾害是"联合国国际减灾十年"公布的最严重的十种自然灾害之一。对于户外爱好者和野外工作者来说，雷电是一个严重的威胁，人被雷电击中的死亡率高达40%。

1. 雷电伤人的方式

①直接电击：当雷电直接击中人体时，由于人体是良导体，强大的电流会经过人体直接传导至大地，人因此而被击伤，严重者甚至死亡。

②旁侧闪击：当雷电击中一个物体时，强大的电流通过物体传导至大地，如果人恰巧在雷电击中的物体附近，雷电电流就会在人头顶高度附近将空气击穿，再经过人体传导下来，使人遭受电击。

③接触电击：当雷电电流通过高大的物体时，会在高大导体上产生高达几万伏到几十万伏的电压，当人不小心触摸这些物体时，会受到这种触摸电压的电击，发生触电事故。

④跨步电击：当雷电从云中泄放到大地时，就会产生一个电位场。如果在雷击时，由于人两脚站立地点的电位不同，从而形成电位差，这种电位差就会在人的两脚之间产生电压，也就有电流通过人的下肢。两腿间的距离越大，跨步电压也就越大。

2. 雷击预防措施

在野外实习中，如果出现雷电的征兆，应尽快找到就近的庇护所躲避，避免接触和靠近高而孤立的物体，不要接近铁栅栏、电缆等长而连贯的金属物体。除此以外，在野外防止雷击的方法主要有以下几种。

(1)选择合适的活动时间

出行前需掌握相关气象知识和近期天气预报信息,还要准确把握撤退时机,确保在遭遇雷击之前远离雷电区域。如果从看到闪电到听到雷声的时间小于 30 s,说明距离雷电小于 10 km,应迅速撤离。

(2)选择安全地形

野外的安全区域能够降低被雷电击中的概率,地势较高的地点及周围区域易遭受雷电袭击,因此在雷电来临时要避开山峰、山脊及一些有凸出物的区域。

空旷地区在雷电交加的暴风雨中也是一个易遭雷电袭击的区域。远离那些较高的树木和灌木区,因为这些高于帐篷的物体可能会产生电流。在高海拔地区或冬季,干雪是绝缘体,但是湿雪却是导体。远离山洞的入口,远离树木和长度较大的导体。

(3)采取正确的避雷姿势

当遭遇雷电却又无法快速找到避雷场所时,应采取正确的避雷姿势;可采取下蹲或坐在类似泡沫垫或背包的绝缘体上的方法,向前团身,两脚并拢,手抱双腿。

避免雷击五要诀:雷电来临速撤离,撤离不及速躲避,避高地离空地,远离树木和导体,避雷姿势要牢记。

3. 雷击伤害急救措施

雷击最有可能对人体心脏和呼吸系统造成伤害。所有遭受雷击的伤者均需要接受全面的身体检查,并对其头部、脊柱、长骨或心脏损伤进行细致的评估,同时也应该对脉搏、感官以及运动状态进行相应的评估,检查皮肤是否存在不易发现的细微灼伤。被雷电击中的人,如果出现休克或呼吸停止,心肺复苏是最为理想的急救措施。任何表现出遭受雷击伤害现象和症状的人都应该迅速撤离,并采取进一步的评估检查和治疗。

## 第二节 意外事故的防范与处理

### 一、生物灾害

#### (一)动物引起的危险及防范

1. 毒蛇

虽然不是所有蛇都有毒,但有些蛇是有剧毒的。在野外遭遇毒蛇攻击,通常是由于人闯入了蛇的领地而引起的,一旦被毒蛇咬伤将是非常危险的。

(1)预防方法

准备一根手杖,行进时打草惊蛇,因为蛇很少会主动袭击人类,受到惊吓会主动离开。如果发现毒蛇应避而远之,这是最好的避免被咬伤的办法。进行野外实习时,特别是在经常有蛇出没的地方,应戴好帽子,穿长袖外套,穿有强韧护脚的裤子和坚韧的靴子,随身携带蛇药。

(2)处理办法

人被毒蛇咬伤后,蛇毒在人体内迅速扩散,短时间内即可危及生命,因此,应及时采取有效的抢救措施,阻止蛇毒在人体内的扩散和吸收。应立即就地取材,于伤口近心端包扎,以阻止静脉血回流,但应以不影响动脉血流为原则。如伤在手指可包扎手指根部;伤在手掌可包扎于肘关节下部;伤在足踝部则于膝关节上部或下部包扎(图10-1)。包扎时间可持续 8~10 h,每隔 15~30 min 放松 1~2 min,一般在伤口排毒和服药后 1~3 h 解除包扎。如果咬伤超过 12 h,则不宜包扎。受伤后走动要缓慢,不能奔跑,以减少人体对蛇毒的吸收,最好是将伤肢临时制动后放于低位,同时尽快前往医院治疗。在到达有条件的医疗站点后,应继续采取综合措施,如彻底清创、内服及外敷有效的药物、注射抗蛇毒血清等。

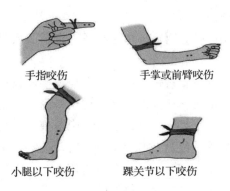

图 10-1 毒蛇咬伤包扎位置

2. 蚊虫叮咬

伤人的蚊虫有两类:一类是蚊、虻、蚋等吸血性昆虫,咬后不仅使人痛痒难忍,还会传播疟疾、脑炎等严重疾病;另一类是蜜蜂、黄蜂等,人被叮咬后,最初会感到疼痛,接着伤口会肿胀并发炎。

(1)预防手段

使用防蚊喷剂或蚊香,不过这样会污染环境,相对环保的方法是用烟熏。在蚊、虻较多的地方,如果条件允许,每天应用肥皂彻底清洗全身皮肤。应携带防蚊水、驱风油或风油精等防蚊药品。对蚊虫叮咬过敏的人员应该携带药物,并告诉其他人如何在被叮咬后的紧急情况下给自己使用这些药物。

(2)处理办法

被蚊子叮咬后,尽量不要用手抓患处,在患处涂上清凉油或风油精,每天涂抹 3~5 次即可。若被蜜蜂、黄蜂蜇伤,应先剔除毒刺。蜜蜂、黄蜂的毒针有倒刺,刺入人体皮肤后无法拔出,将针留在人的皮肤里,毒针尾部的毒囊也从蜜蜂的尾部拉脱,留在被蜇处。因此,剔刺时不要用指甲掐着毒囊往外拔,以免残留在毒囊里的蜂毒顺着毒针进入皮肤,最好用小镊子夹住毒刺的根部往外拔。除掉毒刺后,在患处涂抹氨水或肥皂水,疗效很好。

3. 蚂蟥叮咬

蚂蟥的种类很多,有生长在阴湿低凹林中草地的旱蚂蟥,也有生长在沼泽、池塘中的水蚂蟥,还有生长在山溪、泉水中的寄生蚂蟥(幼虫呈白色,肉眼不易发现)。蚂蟥吸血量很大,每次可吸取相当于自身重量2~10倍的血液。同时,由于蚂蟥的唾液有麻醉和抗凝作用,故在吸血时人往往无感觉,当其饱食离去时,伤口仍流血不止,常会造成感染、发炎和溃烂。

（1）预防办法

行走时要穿长裤,将袜筒套在裤腿外面,以防蚂蟥钻附人体。行进中,应经常注意查看有无蚂蟥爬到脚上。在鞋面上涂些肥皂、防蚊油,可以防止蚂蟥上爬,涂一次的有效时间为4~8 h。休息时要经常检查身上有无蚂蟥叮咬,如有应及时除去。经过有蚂蟥的河流、溪沟时,应扎紧裤腿,上岸后应检查是否附有水蛭。宿营的地方应选择在比较干燥、杂草稀疏的地方,不要在湖边、河边或溪边宿营。尽量喝开水,避免误有寄生蚂蟥的水。细小的蚂蟥不易被发现,喝进后会附在人体呼吸道、食道、尿道等处寄生。

（2）处理办法

发现蚂蟥已叮在皮肤上后不要紧张,不要生硬地将蚂蟥拔掉,因为拉动蚂蟥会使其吸盘吸附得更紧,一旦蚂蟥被拉断,其吸盘就会留在伤口内,容易引起感染和溃烂。移除蚂蟥时,可采用猛击一掌的方法使蚂蟥脱落,也可用肥皂液、浓盐水、烟油、酒精滴在其前吸盘处,或用燃烧着的香烟烫,使其放松吸盘而自行脱落。蚂蟥掉落后,若伤口流血不止,可先用干净纱布按压伤口1~2 min,止血后再用5%碳酸氢钠溶液洗净伤口,涂上碘酊或龙胆紫液,最后用消毒纱布包扎。若包扎后的伤口后仍出血,可往伤口上撒一些云南白药或止血粉。若伤口没出血,可用力将伤口内的污血挤出,用小苏打水或清水冲洗干净,再涂以碘酊或酒精进行消毒。

4. 野兽

在野外,我们是动物世界的入侵者,不要距离野生动物太近,以免惊扰或威胁到它们。这样做既是为野生动物考虑,也是为我们自身的安全着想。饥饿的肉食动物、受伤的野兽、处于发情交配期或哺乳期的动物,其活动领地受到威胁和骚扰时容易发起攻击,除此之外,一般的野生动物很少主动袭击人类。因此,在野外实习时应避开兽道和它们的领地,不在处于交配期和哺乳期的野生动物活动区域内活动。若与野兽狭路相逢,应尽可能缓慢、安静地移动,尽可能不惊扰它们。野外实习时携带的食物会吸引野生动物,需妥善储存营地的食物。

5. 小虫入耳的处置

春夏是昆虫活动的时节。在野外实习时,乱飞的小虫会不小心钻进人的耳道里,此时,千万不能盲目地用挖耳勺、发夹之类的东西乱掏,因为虫子是头部朝着耳朵里面钻的,乱掏乱挖会使虫子更往里钻。应按以下几种方法正确处置：

①按耳：如果小虫在左耳,就用右手紧按右耳；如果小虫在右耳,就用左手紧按左耳,使小虫自行退出。

②滴菜油：身体侧卧,患耳朝上,向耳道内滴几滴菜油（麻油、豆油、玉米油）或白酒,把小虫淹死。然后用夹子夹出或用棉签慢慢蘸出,也可用温水轻轻洗耳,使小虫顺水流出。

③亮光引诱：小虫一般喜欢光亮,如用手电筒照射,虫可能被引诱出来。

## (二)植物引起的危险及防范

### 1. 有毒植物

不同地区有不同的有毒植物,因此,需要对活动地区有一定了解。在户外尽量不要食用野生植物。误食有毒植物轻者造成腹泻、恶心、呕吐,重者可危及生命。在野外应仔细辨别有毒植物,尽可能避免与有毒植物的接触。

### 2. 扎刺的处置

在野外实习时,手脚和裸露的体部都有可能被刺扎伤,细小的木刺、藤刺、篾刺扎入皮肤后,可采用以下方法清除:留在皮肤外的小刺可用镊子或用长指甲夹住拔出;如小刺已扎入皮肤,可用缝衣针、大头针挑出,挑出前应先找到小刺的准确部位,然后将针倾斜刺进其边缘皮肤中,慢慢拨出。如果没有钢针,可用尖硬的藤刺替代,也可以竹棒削尖替代。

### 3. 割伤的处置

如果被刀、茅叶等割伤,若不严重,可用创可贴、纱布包扎即可;如较严重,首先要用干净布块敷在伤口上止血,创口无流血后,再用纱布蘸微温的肥皂水清洗伤口周围的皮肤,一般从伤口向外揩拭,以防肥皂水流入伤口内,纱布脏后要及时更换。

### 4. 戳伤的处置

戳伤的情况在野外活动中十分常见,主要表现为手足被露出地面的树桩、树枝、竹桩、尖石刺伤,或突然滑倒时被地面上的凸硬物刺伤。从表面上看,被戳的伤口也许不大,其实伤口可能很深,并且污垢和细菌往往已被带入伤口内,伤口一旦发炎,就会扩散到身体其他部位,引发严重疾病,导致不良后果。

戳伤后,一般先止血,进行适当消炎处理,包扎好伤口。如果有较大的异物留在伤口内,不要自行拔出,因为刺入物堵住伤口可减少失血,拔出后反而会大量流血。为了避免刺入物压进伤口,可用环形垫盖在伤口上,然后扎上绷带。如无环形垫,可用剪掉上半部的纸杯代替。

### 5. 异物入眼的清除

在野外实习中,沙尘、小虫、枯木朽枝上的粉末、花屑都容易入眼。异物入眼后,可采取以下方法进行清除:

①用手轻轻把患眼的眼睑提起,眼球同时上翻,泪腺就会分泌出泪水把异物冲出来,也可咳嗽几声,把灰尘或沙粒咳出来。

②取一盆清水,吸一口气,将头浸入水中,反复眨眼,用水漂洗,或用装满清水的杯子罩在眼上冲洗,也可以侧卧用水壶装温水冲洗。

③请人翻开上眼皮或下眼皮,一旦发现异物,用棉签或干净的手帕一角将异物轻轻撩掉。若异物在黑眼球部位,应让患者转动眼球,使异物移至眼白处再取出。

④如果是铁屑类异物入眼,可找一块磁铁洗净擦干,将眼皮翻开贴在磁铁上,然后慢慢转动眼球,有可能将铁屑吸出。

## 二、意外事件

### (一) 常见性身体不适的处置

常见性身体不适的症状很多，如不明原因的脸色发红、发青，腹痛，呕吐，头晕，全身乏力等。当感觉身体不适时，首先要放松身体，在原地休息一段时间，认真想一想自己近期的饮食情况、病史，仔细分析原因，然后根据不同的情况采取相应的处置措施。

1. 感冒

感冒是由普通细菌或病毒引起的上呼吸道感染，主要症状一般为咳嗽、流涕、打喷嚏、头痛、发烧、全身乏力等。一旦感冒发烧，患者应进行适当休息，以恢复体力增强抵抗力，同时应服用抗感冒类药物和阿司匹林一类解热镇痛剂，以加速感冒症状的缓解。如果无退热药物，可采取物理降温法，如用温水擦浴，或在头部、颈部两侧、两腋处、大腿胯下放置凉水袋降温。同时要多喝开水。如有条件，每 100 mL 开水中放入葡萄糖（白糖）10 g、精盐 1 g。身体发冷时，要多穿些衣服，多盖被子，把汗闷出来也能缓解感冒症状。

2. 腹泻

腹泻通常是由肠道感染、消化机能障碍引起的。在野外喝生水、吃野味、食野果，都会导致细菌随口而入或导致肠胃消化不良从而引起腹泻。腹泻的症状一般表现为排便次数增多、大便稀薄或呈水状、有时带脓血、常兼有腹痛。出现腹泻症状时，要立即服用止泻药，以尽快起到止泻收敛和减少肠蠕动的作用。同时，要少吃油腻食物，多吃清淡食物，并适量地补充水分，以防发生脱水。

### (二) 常见性身体伤害的处置

1. 水泡的应对与预防

脚起水泡主要是由脚与鞋之间的挤压、摩擦造成的，与鞋内潮湿和相对的高温有关。登山时由于运动摩擦引起脚底或脚外侧出现水泡，运动中因出汗导致潮湿足底摩擦增大，更易引起水泡。另外，虽然水泡不是高温引起的烫伤，但如果皮肤温度增高，产生水泡的速度就会加快。

为防止野外行进时产生小泡，可采取以下方法加以预防：不要穿新的徒步鞋进行长距离行军、穿越；要选择合脚的袜子、鞋；垫高鞋垫可减少摩擦；穿袜子可减少水泡的产生；使用滑石粉、痱子粉、防汗喷雾剂或涂凡士林有助于保持脚部的干爽、减少摩擦；当皮肤出现红热点时，要及时涂抹安息香，并用专用水泡贴覆盖。

出现水泡后可采取以下方法加以处理：选择专业的水泡贴；在刺破水泡前，应消毒戳针（可用火烧红针或用酒精棉片擦拭）；将大水泡或容易破裂的水泡刺破，使其中的液体排出；刺破水泡后勿将皮撕掉，因为这块皮可保护伤口；用斜纹棉布做成圈状，套住水泡，可承受活动时的震动及摩擦；三合一抗生素可除去水泡的细菌感染；用简便方式覆盖，如创可贴、纱布等，但要注意纱布一旦浸湿，就应及时替换；注意保持伤口的透气性。

2. 烫伤的处理办法

烫伤的处理方法包括：冷却受伤部位，用冷水冲洗伤肢以冷却烧伤处；摘掉附着在伤处的物品,如手表、戒指、衣物等;消毒辅料(或清洁手巾、衣物等)覆盖伤处;若非必要,切勿刺破水泡。使用清水冲洗伤口,使用凡士林、纱布覆盖伤口,应避免受伤皮肤出现粘连;不可往灼伤部位涂抹油脂。

3. 滑坠或坠落

滑坠或坠落是指从高处滑落、滚落、坠落到低处,从而造成身体伤害的一种情况。滑坠不仅在悬崖边容易发生,在陡坡、陡坎、凹地、洞穴边缘也容易发生。滑坠轻则造成擦伤、扭伤、撞伤,重则可能造成伤者身体局部功能丧失,甚至死亡。

滑坠或坠落发生的主要原因包括:地形陡峭,如悬崖峭壁、陡坡、冰雪坡;地面湿滑,如泥泞的道路、光滑的岩石、湿润的草地;人员过度疲劳,导致注意力不集中、行走不稳,走路不小心、队伍间距太小造成挤碰等。

为防止滑坠或坠落的发生可采取以下方法加以预防:了解路线情况,携带必要的装备并做好相应的心理准备,必要的地段可以使用固定绳索来通过陡坡;穿着具有较强摩擦力和附着力的高性能鞋子,能够应付一般的地面,但在湿滑地面行走时这种功能也会有所降低;在有滑坠风险的地段小心行进,注意脚下的路面。横切或斜切陡坡时身体应保持直立,始终以下方的脚作为支撑;应特别留心能力较弱的同伴,他们往往越感到害怕,身体越是不自觉地向坡上倾斜,这样就造成重心更加不稳,更容易摔倒或滑坠。若需要他人帮助时,帮助者应该在其上方进行协助;队员之间保持合适的间距(2 m左右),以不相互影响为宜;在碎石区向下行进时,需随时注意脚下和周围的情况,队员之间应拉开足够间距,后方队员不应处在前方队员的正上方;攀登中应严格按操作规范进行,不要为了炫耀或其他原因而徒手攀登岩石,哪怕只有几米高。

## 第三节 常见伤病的防范与处理

### 一、出血、止血和包扎

血液是维持生命的重要物质。人体血量约 5000~6000 mL,约占体重的 7%~8%。血液从损伤的血管流出称为出血。当急性出血(大血管破裂)的流血量超过 800~1000 mL 时,如不及时止血,就会引起休克和心跳停止而造成死亡。

出血的种类大体分为外出血和内出血两种。外出血是指血液由皮肤损伤处流出体外;内出血是指血液由破裂的血管流入组织、脏器和体腔中。对内出血的判断,主要依据是否出现吐血、咯血、尿血和便血等症状。

1. 指压止血法

这是一种简单有效的临时止血法,多数用于头部、颈部及四肢的动脉出血。这种方法是在出血处的近心端找到动脉的部位,用手指将动脉压在骨骼上达到止血的目的,最后扎上止血带。人被蚂蟥叮咬后往往流血不止,用手指压迫伤口处几分钟就能止住流血。

2. 止血粉止血法

该法是将止血粉直接敷在出血部位以实现止血的方法。

3. 伤口处理及包扎

当伤口较大或较深时，不能用水冲洗，以免将表面污物冲入深部，造成感染、化脓。野外往往缺少或没有现成的包扎材料，可利用毛巾、手帕、衣服进行包扎。包扎方式通常有环形、蛇形、螺旋形、"8"字形等方法。

当发现内出血时，要稳定情绪，记录发病时间和症状，及时到医院检查和治疗，千万不要乱吃药。

## 二、踝关节扭伤的处置

关节扭伤，实际上就是韧带扭伤，韧带是把骨骼连在一起的柔韧组织，韧带过度扭转或扯开就会扭伤关节。腕、肘、膝、髋和肩等关节都可能发生扭伤，踝关节则是最易扭伤的关节。行走或跑步时脚部突然扭转，就会扭伤踝关节。踝关节扭伤时，应立即冷敷，以宽布条或布兜来固定；如要继续行走，切不能脱掉鞋子；如果脚肿起来无法穿鞋，可踩穿着鞋子（如同穿拖鞋）行走。

踝关节扭伤的主要症状表现为关节扭伤部位肿胀、发青发紫、有压痛感，活动时疼痛有时与骨折难区别，此时应作骨折处置。

## 三、骨折固定

骨头断裂或折断称为骨折。骨折可分为外骨折和内骨折（闭合性）。内骨折是指断骨没有刺穿皮肤或裸露在外，触动受伤部位时会很疼痛；外骨折是指锐利的断骨刺破皮肤或造成明显的伤口，容易引起感染和骨髓炎，若刺伤大血管、神经或重要脏器，还会导致残疾或死亡。伤员骨折时，应立即给予临时固定。正确的固定有利于搬运和转送，并能使骨折部位和肢体免于活动，减轻伤员痛苦。

### （一）骨折固定原则

骨折固定的一般原则包括：先止血、包扎，然后再固定，如患者处于休克状态，必须先进行抗休克处理。就地固定。在固定前，不可轻易移动伤员。检查伤口时，可剪开衣裤，不要脱下衣裤。临时固定只是为了制动而不是整复，严禁当场整复。固定时要加衬垫，先固定骨折两端，后固定上下两关节，做到牢固可靠。固定的松紧度要适宜，不可过松，也不可过紧。固定四肢时，要露出指尖、脚尖，以便观察血液循环。固定后作好标志，迅速送往医院，注意保暖。

### （二）骨折固定方法

1. 上臂（肱骨）骨折固定法

进行上臂骨折固定时，应注意两点，一是肘关节弯屈呈直角；二是肩关节不能移动。上臂骨折固定可采取以下两种方法：

①夹板固定法：肘关节屈成直角，用两块木板放在骨折处两侧，用三角巾固定，再用

三角巾作小悬臂吊，固定于胸前。

②竹筷固定法：把四根竹筷或树皮、竹片放在骨折处内外侧各两根，用绷带或三角巾固定，然后前臂悬吊起来，固定于胸前。

2. 前臂（尺骨）骨折固定法

将受伤的前臂内、外两侧各放一块夹板，然后用三角巾或手帕进行固定，并用三角巾将前臂吊于胸前。

3. 大腿（股骨）骨折固定法

将一块长度相当于脚跟至腋下窝距离的夹板，放在伤腿外侧或后侧，再用七块三角巾固定夹板。同时，应脱去伤肢的鞋袜，以便随时观察血液循环。

4. 小腿（腓骨）骨折固定法

小腿骨折固定可采用以下两种方法：

①夹板固定：把一块长度等于大腿中部到脚跟距离的夹板，放在小腿外侧，在关节上垫置棉垫，用五条三角巾固定，再用"8"字形固定法将脚部固定，使脚与小腿呈直角。

②健肢固定法：在无夹板情况下可利用伤员健侧下肢来作固定，即把健肢移向伤侧并列，在两腿关节处垫置棉垫，用三块三角巾来固定。

### （三）伤者搬运法

正确的搬运方法能使伤员迅速脱离现场，减轻痛苦，得到及时治疗。搬运伤员的要求是快、轻、稳，避免震荡。搬运伤员时要根据伤情选用适宜的工具，并使伤员在担架上采用不同的姿势。

1. 单人搬运法

单人搬运法可分为肩负式、背负式、抱负式和腰带抱运等。不可采用救护员体力无法支持的方式进行单人搬运，否则一旦失手，反而会加重病人的伤势。

2. 双人搬运法

双人搬运伤员时最好采用担架搬运，既省力又方便。用担架搬运时要注意的是：伤者上担架要平托；伤员头部要放在后面，使后面的救护员能随时观察伤情；抬担架行走要平稳，前后步伐快慢相同，担架前后要保持水平。

## 四、野外急救

### （一）胸外按压心肺复苏（CPR）

在野外穿越河流、溪涧、湖泊、池塘、水库等地方时，如不小心就可能溺水。衣着整齐的人在水里挣扎，容易被人察觉；如游泳时突然抽筋或气力不足，就很难被人发现。发现遇溺者时，应尽快用较长的竹竿、木棍、绳索、树枝或解下的腰带、衣裤连接成的长条等递给溺水者，待其抓住后，用力拖其上岸。如会游泳，应迅速跳入水中救助。

溺水者自水中救出时常表现呼吸浅速、不规律，呼吸困难、咳嗽，甚至呼吸、心跳停止的症状。

一旦发生心脏骤停，生命就会受到严重威胁，患者数秒钟内会出现意识丧失，60 s 就呼吸停止，4 min 就会出现脑细胞死亡，超过 10 min 后患者被抢救存活的可能性几乎为零。当有人突然倒下，目击者（或第一反应人）立即应识别并进行高质量的心肺复苏是成功救命的关键。

1. 心跳骤停预判

在确保周围环境安全的前提下，识别患者发生心跳骤停的关键点主要是"三停"，即意识停止、呼吸停止、心跳停止。

（1）意识停止

面对溺水、突然倒地或不动的患者，首先要判断的就是患者的意识状态，一般常用的方法为用力拍打、呼叫患者，观察患者是否有反应。

（2）呼吸停止

如果患者意识停止，便要迅速判断患者是否可以呼吸。一般常用的方法为：用手指置于患者鼻前感受是否有气流，及侧头平视患者胸廓是否有起伏变化。

（3）心跳停止

心跳停止是心跳骤停发生最为重要的一点。常用的方法包括：一手食指与中指并拢伸直，其余手指弯曲置于患者气管正中部（相当于喉结的位置），旁开两指的凹陷处，判断时间 6~10 s，通过指腹感受是否有搏动。若患者没有反应且没有呼吸或者不能正常呼吸，应立即启动急救系统。

2. 胸外按压心肺复苏（CPR）流程

第一步：有人昏迷时，判断周围环境是否安全，马上呼救三句话：①快来人啊！这里有人晕倒了；②请你帮忙打一下 120 急救电话，打完后告诉我；③有谁会急救，请帮助我。

第二步：判断病人意识，走上前去，一边轻轻拍打病人的双肩，一边在他左耳和右耳，大声呼唤"喂喂，你怎么了？"

第三步：如果没有回应，马上进行心肺按压。十指相扣，双手掌跟叠加，手臂垂直，按压两乳头中间，每分钟 100~120 次。如果累了要换人，中间尽量不要停止（中断时间不应超过 5 s）。

第四步：人工呼吸。将患者头后仰，下颌抬起，把气体吹进患者肺里，这样才能保证是有效的呼吸。按压 30 次后，吹 2 口气，再按压 30 次，再吹 2 口气。如此下去，直到昏迷人苏醒正常呼吸，或者专业医疗人员赶到现场。

3. 胸外按压心肺复苏（CPR）的要求和注意事项

（1）胸外按压

双臂伸直，双手重叠十指交叉，掌心贴着胸部中央用力快速按压。

按压部位：胸部两乳头中间，胸骨正中（图 10-2）。

按压频率：每分钟 100~120 次。

按压幅度：成人胸骨按下 5~6 cm（图 10-3）。保证每次按压后胸部回弹，尽可能减少胸外按压中断，如需换人，必须 5 s 内换人完毕。

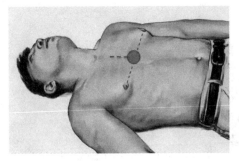
图 10-2　按压部位

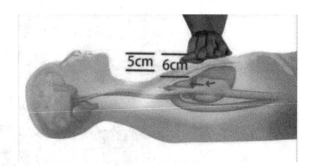
图 10-3　按压幅度

（2）开放气道

快速胸部按压 30 次之后，打开气道；检查气道是否有异物；一手置于患者前额使其头部后仰，另一手食指与中指置于下颌骨近下颏或下颌角出，抬起下颏（颌），以开放气道（图 10-4）。

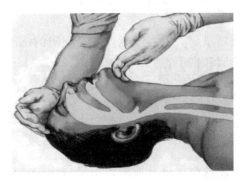
图 10-4　开放气道

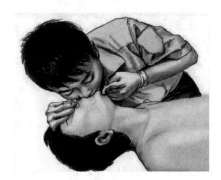
图 10-5　人工呼吸

（3）人工呼吸

以食指拇指捏住伤者鼻孔，将头后仰，下颌抬起；施救者嘴包住患者的嘴，口对口吹气，把气体吹进患者肺里；以吹到伤者胸廓有起伏为宜（图 10-5）。

（4）胸外按压和人工呼吸

每胸外按压 30 次，口对口人工呼吸 2 次，并以此循环反复，直到患者有自主呼吸或救护人员到来。

（5）拨打急救电话说明事项

患者的状况（有无知觉、呼吸、脉搏）、患者的主要病史（如果了解的话）、地点、联系电话、身份信息（患者亲属、过路人、医务人员等）。

**（二）海姆立克急救法**

海姆立克急救法是对气道阻塞（食物嵌顿或窒息）者进行现场急救的有效方法（图 10-6）。在野外实习中如遇到气道阻塞可采用海姆立克急救法。

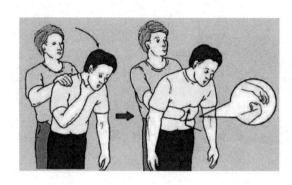

图 10-6 海姆立克急救操作方法

1. 气道阻塞的主要症状

食物、异物卡喉常见于进食或口含异物时嬉笑、打闹或啼哭而发生。由于食物或异物嵌顿于声门或落入气管，造成病人窒息或严重呼吸困难，表现为突然呛咳、不能发音、喘鸣、呼吸急促、皮肤发紫，严重者可迅速出现意识丧失，甚至呼吸心跳停止。

2. 海姆立克急救法操作步骤

①确认患者被异物卡喉，如果还能咳嗽，就鼓励病人用力咳嗽。气道梗阻的标准迹象是患者两手紧握喉咙，无法咳嗽，无法说话，嘴唇和指甲青紫，意识丧失。

②立即叫专人拨打 120 急救电话，告知病情和具体地点。

③帮助患者站起来，站在病人背后。

④用两手臂环绕病人腰部，一手握拳抵住肋骨下缘与肚脐之间，另一手抱住拳头辅助，用力往后冲击。

⑤迅速用拳头向后上方挤压，就像尝试着把患者拎起离开地面，不要挤压肋骨，可能导致骨折，而且无法将异物排出。

⑥重复上述动作，直至将异物排出。

⑦如果异物仍然无法排出，或患者已丧失意识，迅速采取心肺复苏，直至急救人员赶到现场。

⑧如果周围无人救援，自己也可以自救。自救方法为上腹部迅速顶住硬的平台、桌面或椅背，反复用力顶压产生腹腔压力，直至将异物排出。

**思考题**

1. 列举气象原因可能对野外实习人员造成哪些伤害？简述如何应对与预防？
2. 列举地质原因可能对野外实习人员造成哪些伤害？简述如何应对与预防？
3. 简述在野外被毒蛇咬伤后的处理办法和注意事项。
4. 简述在野外造成滑坠和坠落的主要原因及预防方法。
5. 简述胸外按压心肺复苏（CPR）的操作流程。

# 参考文献

中国登山协会，2014. 登山户外安全手册（2014 版）[M]. 北京：人民体育出版社.
杨汉，2006. 山地户外运动[M]. 武汉：中国地质大学出版社.
董范，曹志凯，牛小洪，2014. 户外运动学[M]. 2 版. 武汉：中国地质大学出版社.
李金芬，2011. 户外运动安全管理研究[M]. 北京：中国原子能出版社.
李舒平，邹凯，2009. 户外运动的风险管理[M]. 广州：广东科学技术出版社.
黄永良，傅纪良，等，2017. 海岛野外生存生活拓展训练教程[M]. 北京：高等教育出版社.
胡晔，2017. 绳索救援技术基础[M]. 北京：中国建材工业出版社.
骆腾昆，郭托有，等，2017. 户外冒险教育[M]. 厦门：厦门大学出版社.
[美]克莱德·索利斯，2007. 登山手册[M]. 赵敏，译. 沈阳：万卷出版公司.
何晓知，汤万辉，2005. 定向运动[M]. 长沙：湖南大学出版社.
[美]克雷格·康纳利，2010. 登山手册[M]. 严冬冬，译. 北京：人民邮电出版社.
[英]皮特·希尔，2010. 国际登山技术手册[M]. 严冬冬，译. 北京：人民邮电出版社.
国家体育总局职业技能鉴定指导中心，2012. 户外运动[M]. 北京：高等教育出版社.
武舞吾悟，2017. 登山装备宝典[M]. 北京：人民邮电出版社.
张建新，牛小洪，2009. 户外运动宝典[M]. 武汉：湖北科学技术出版社.
孟刚，2008. 户外运动[M]. 北京：北京师范大学出版社.
孙班军，2007. 山地户外运动[M]. 北京：学苑出版社.
刘擎，韩宏义，2004. 野外生活生存[M]. 北京：高等教育出版社.
王彬，马元丹，等，2017. 大学生校外实践教育基地的建设与优化管理——以浙江农林大学天目山大学生实践教育基地为例[J]. 教育教学论坛，39（9）：31－33.
贾忠奎，2019. 林学专业野外实习安全管理[J]. 中国林业教育，37（3）：31－35.
童亿琴，2008. 野外实习安全问题探讨[J]. 实验室科学（2）：159－160.
陈红英，陈笑霞，等，2018. 浅谈生物学野外实习的安全管理[J]. 实验室科学，21（6）：203－205.
黄丽红，孙骏威，等，2013. 生物学野外实习中安全工作的保障[J]. 教育教学论坛（27）：123－124.
史兴民，高淑莉，2008. 高校野外实习的安全性研究[J]. 高等理科教育（1）：77－79.
于现林，1999. 论野外实习的组织与管理[J]. 泰安学院学报（S1）：36－37.
丁爱政，1997. 培养大学生野外实习安全自律和自护意识[J]. 地质勘探安全（2）：42－46.
姚国新，卢磊，等，2014. 农科专业校外实习实践中学生的安全管理探讨[J]. 宁夏农林科技，55（4）：61－62.
杨宗岐，程霞英，等，2015. 关于植物学野外实习的几点思考[J]. 实验室科学，18（5）：187－189.
宋建阳，张汝国，1997. 关于野外实习的规范与管理[J]. 广州师院学报（社会科学版）（2）：60－65.
陈景春，2009. 大学生实习安全管理初探[J]. 继续教育研究（4）：49－50.